LA MÁQUINA DE LA VERDAD

Ney Villamil Ruiz

Ney Villamil Ruiz

LA MÁQUINA DE LA VERDAD

La segunda revolución internética
Blockchain y Bitcoin

La máquina de la verdad

La segunda revolución internética
Blockchain y Bitcoin

Primera edición: mayo, 2017

© Copyright, Ney Villamil Ruiz
Mayo, 2017. Derechos Reservados.

El *copyright* protege la propiedad intelectual, estimula la creatividad y promueve la libre expresión de las ideas y el desarrollo de la cultura.

Queda prohibido, bajo las sanciones establecidas por las leyes, la reproducción total o parcial de esta obra por cualquier medio o procedimiento, impreso o electrónico, y la distribución de ejemplares mediante alquiler o préstamo público, sin permiso explícito del autor.

Gracias por comprar una edición autorizada
de este libro para su uso personal,
y por respetar las leyes de Derecho de Autor.

ISBN-13: 978-1545045688

Printed in the United States of America
Impreso en los Estados Unidos de América.

Available from Amazon.com and other online stores
Available on Kindle and other devices.

Para mi Dianette †,
Ruy, Vero, Nico e Iñigo Villamil.

A mis amigos, colegas y familiares.
Gracias por su amistad, su apoyo,
y por animarme a escribir y publicar estas notas.

Quo melius illac
Veritas liberabit nos.

ÍNDICE

Índice	7
Introducción	11
Cultura, civilización y comercio en la era digital	13
Las Nuevas Plataformas Tecnológicas Internéticas, NPTI	14
Instituciones formales e informales	16
Tecnologías disruptivas	17
Encriptamiento unidireccional irreversible	19
Tecnología de Libro Mayor Distribuido	21
Difusión de innovaciones	22
Tasa de adopción: ¿a corto o largo plazo?	24
Qué es Blockchain	25
Una infraestructura de trasfondo	26
¿Cómo funciona Blockchain?	28
¿Cómo surgió Blockchain?	31
La crisis de 2008	32
Satoshi Nakamoto	33
Bitcoin: A Peer-to-Peer Electronic Cash System. Abstract.	34
Blockchain y Bitcoin. Estructura y funcionamiento	35
Los enigmas de la contabilidad centralizada	38
Incertidumbre y desconfianza	39
El respeto a la ley	42
Economía e incertidumbre	43
El *jiu-jitsu* de la desconfianza	44
Qué es Bitcoin	45
Función del dinero	47
Transmitir valor real	47
Oro virtual	48
Minería de datos	48
Validación de transacciones	49
Encriptamiento	50
¿Cuánto paga la minería de bitcoins?	51

¿Cuánto vale un bitcoin?	**53**
Equivalencias monetarias	54
Bitcoins y satoshis	54
Bitcoins - US Dólar - Peso Mexicano	54
Microsubunidades	55
Micropagos	55
Crowdfunding	56
Propiedad intelectual	57
Publicidad y mercadotecnia	58
Inversiones: Participación accionaria fragmentaria	59
Ventajas de bitcoin como divisa fiduciaria digital	**60**
1. Confianza	60
2. Registro inmutable	60
3. Costo	60
4. Eficiencia	61
5. Desempeño eficaz en el servicio a usuarios	61
6. Inclusión social	61
7. Confidencialidad.	62
8. Transparencia	62
9. Reducción o eliminación de riesgos comerciales	62
10. Legitimidad	62
11. Inmunidad a la inflación	63
12. Sustentabilidad	63
13. Independencia	63
14. Potencial de nuevos negocios	63
Factores de aceptación de Bitcoin	**64**
1. Liquidez de la divisa	64
2. Adopción pública de la divisa	65
3. Sencillez de la operación	65
4. Prácticas comúnmente aceptadas de negocios	65
5. Legislación nacional e internacional	66
6. Estabilidad del precio de la criptodivisa	66
7. Confidencialidad y seguridad.	66
8. Identidad, anonimato y pseudonimato.	67
9. Delincuencia organizada	68
10. Donativos filantrópicos.	69

Aplicaciones de Blockchain 70

Aplicaciones generales 70
- Certificación de propiedad 71
- Propiedad Intelectual 72
- Redes públicas y redes privadas 72
- Plataformas híbridas 73
- Contratos inteligentes. Automatización y autonomía. 73
- Recusación de transacciones 75

Aplicaciones financieras 76
- Fintech 76
- Seguros y fianzas 76

Aplicaciones no monetarias 79
- Participación ciudadana 79
  - Aplicaciones electorales 79
  - Psefología 79
  - Thealogía 80
- Nuevas formas de organización 80
  - Sistemas de Operación por Consenso 80
  - Procesos de Decisión Colectiva 80
  - Organizaciones Autónomas Descentralizadas 80
- Certificados de propiedad inmobiliaria 82
- Servicios de salud 82
- Prevención de ataques de rescate 83

Otras aplicaciones 84
- Registros de población. 84
- Certificación de documentos civiles 84
- Zonificación urbana y uso del suelo 84
- Control de vehículos 84
- Asuntos fiscales 85
- Empresas. Gobernanza corporativa y administración 85
- Organizaciones sindicales 85
- Centros educativos. Escuelas y universidades. 85

El Derecho Internético 86
- Regulación nacional:
- consenso general y lineamientos básicos 86
- Legislación y política monetaria internacional 88

Perspectivas ¿Qué esperar? 93
- Oportunidades de desarrollo 93
  - Foros de consenso. Definición de criterios iniciales 95
  - Papel de las universidades y centros de investigación 96
  - Inversión en investigación y desarrollo tecnológico 97

Riesgos latentes 98
    Disrupción de intermediarios 98
    Efectos laborales 99
    Sobrerregulación estatal 99
    Amenazas a la privacidad, confidencialidad e identidad 100
    Delincuencia organizada 100
    Límites 101

Conclusión ¿Qué hacer? 102
    Valores fundamentales 102

Referencias 104
    Libros 104
    Artículos 106
    Videos 108
    Criptografía matemática. 110

Ney Villamil Ruiz 111

* * *

Introducción

El mundo está en los inicios de una segunda revolución internética.

Las nuevas plataformas tecnológicas internéticas, autónomas y descentralizadas, surgidas durante la primera década del siglo XXI provocarán efectos irreversibles en la sociedad y la economía mundiales.

Los avances científicos y matemáticos permiten un variado conjunto de diversas aplicaciones disruptivas de la tecnología digital contable mediante el encriptamiento inviolable de transacciones en registros públicos abiertos, autónomos y compartidos operados por consenso que aseguran la veracidad de la información y la confianza de los usuarios, y reducen su dependencia de intermediarios.

Estas plataformas aun son relativamente desconocidas en amplios sectores de profesionales, pero despiertan cada vez mayor interés.

Este ensayo introductorio pretende difundir algunos conocimientos generales básicos, sus posibles aplicaciones e implicaciones políticas, empresariales y académicas, para hacerlos más accesibles a un público no especializado de habla hispana, y para despertar la conciencia de los cambios que se avecinan.

Ney Villamil Ruiz
Mayo, 2017

Cultura, civilización y comercio en la era digital

Desde tiempo inmemorial, la cultura y la civilización humana se han expandido a través del comercio. Tutelado por su antiguo dios Mercurio, el intercambio bienes y servicios de manera confiable entre dos partes asegura beneficios para ambas. Para hacer cobros y pagos y afianzar la propiedad de mercancías o activos es indispensable la confianza. Cualquier comerciante, inversionista o financiero aspira a reducir su riesgo de pérdidas al mínimo confiando en que la otra parte cumplirá sus compromisos.

Pero Mercurio es también el dios de los ladrones. Y por eso, para protegernos y establecer confianza entre las partes, usamos los servicios de terceros confiables, para verificar, validar, aprobar, custodiar, respaldar y en general facilitar las operaciones comerciales y financieras.

Las instituciones fiduciarias (de *fiducia* = confianza) son intermediarios confiables: bancos, casas de bolsa, casas de cambio, instituciones de seguros y de fianzas y otras sociedades financieras, así como notarios, corredores, contadores, factores, *brokers* y otros agentes que registran y aseguran las transacciones comerciales y crediticias, garantizando el flujo óptimo de la economía al reducir la incertidumbre.

El papel moneda emitido por un banco central hace las veces de tercero confiable (físico y fungible) porque está respaldado por una institución fiduciaria: a través de él se transfiere un valor de una parte a otra y ambas confían en ese valor. Un dólar no representa un valor físico, sino puramente fiduciario.

Periódicamente surgen en la civilización nuevas tecnologías fundamentales capaces de transformar la manera como opera la sociedad al crear nuevas posibilidades de interacción antes inimaginadas. Así sucedió con la imprenta, con la electricidad y el electromagnetismo, con el telégrafo, el ferrocarril y el motor de combustión interna; el automóvil y la aeronáutica, el telégrafo y el teléfono, la radio y la TV, las computadoras, los satélites, el Internet y las múltiples TICs, tecnologías de información y comunicación.

Al iniciar el siglo XXI nos encontramos ante el desarrollo de un conjunto de nuevas plataformas tecnológicas internéticas que plantea un paradigma cultural nuevo con una enorme capacidad para modificar aspectos fundamentales de la economía.

Las Nuevas Plataformas Tecnológicas Internéticas, NPTI

Las nuevas plataformas tecnológicas internéticas, o NPTI, mejor conocidas genérica y convencionalmente como 'Blockchain', basadas en la Tecnología de Libro Distribuido (TLD) (*Distributed Ledger Technology - DLT*) y el encriptamiento unidireccional irreversible de información representan un campo amplio, complejo y rápidamente cambiante de aplicaciones tecnológicas en diversos ámbitos; sus variantes son múltiples y difusas, y desafían una definición unívoca.

A manera de ensayo este campo puede definirse como:

"El estudio, análisis, diseño, desarrollo y reglamentación de plataformas tecnológicas internéticas autónomas y descentralizadas de sistemas contables informáticos digitales para verificación operativa fiduciaria mediante el encriptamiento de transacciones en registros públicos abiertos y compartidos, operados por consenso de usuarios".

Las plataformas tecnológicas internéticas autónomas descentralizadas constituyen un conjunto sistemático de tecnologías compatibles y complementarias en interacción que operan en Internet con independencia de un control centralizado. Las operan los usuarios en conjunto; no tienen un "dueño", pero obedecen a una normatividad explícita.

de sistemas contables informáticos digitales
Su operación fundamental consiste en el procesamiento digital de información contable que representa un valor real a través de redes de computadoras interconectadas;

para verificación operativa fiduciaria
Su función primaria es la certificación de la autenticidad de las operaciones o transacciones a fin de que los usuarios puedan tener confianza (*fiducia*) en que la información es verdadera.

Los procedimientos o algoritmos de registro y verificación eliminan el riesgo derivado de la incertidumbre acerca de la veracidad de un dato sobre una determinada operación virtual de transferencia de información o de valor.

mediante el encriptamiento de transacciones en registros públicos abiertos y compartidos

El registro de transacciones se encripta matemáticamente en forma unidireccional e irreversible con objeto de hacerlo indescifrable e inviolable. Las información contable se registra permanentemente en una base de datos que se comparte simultáneamente en todos los nodos usuarios participantes en el sistema.

Es prácticamente imposible descifrar y modificar un registro encriptado residente simultáneamente en un número grande e incierto de nodos; su distribución dinámica garantiza su permanencia y su confiabilidad.

Todos pueden ver el registro, pero nadie puede cambiarlo.

por consenso de usuarios.

La validación de veracidad se obtiene a partir del consenso de una mayoría de usuarios independientes que coinciden en certificar la validez técnica de una transacción. La confianza se apoya en que todos registran, certifican y comparten simultáneamente la misma información.

Instituciones formales e informales

Douglas North (m. 2015) Premio Nobel de Economía 1993 y pionero en el estudio de la economía institucional distingue entre instituciones formales (conjuntos de leyes, reglas, prácticas o principios generalmente aceptados y adoptados, tales como una constitución) e informales, como la 'mordida' y la corrupción, que operan al margen de las instituciones formales y las suplen cuando son inexistentes o ineficaces.

A falta de instituciones formales, las sociedades menos evolucionadas se rigen por las instituciones informales, que a menudo son atávicas, primitivas e instintivas, y frecuentemente benefician a unos pocos en perjuicio de una mayoría; son 'La ley del más fuerte', 'La ley de la selva' o la Ley de Talión.

Una de las instituciones informales más primitivas es la violencia, o la amenaza de violencia, que se fundamenta en el control de las conductas ajenas a través de la provocación de la mayor fuerza psicológica, el miedo.

Con la civilización y el progreso social, las instituciones informales aplican normas, defienden el apego a las leyes, abaten la barbarie, combaten el delito y evolucionan hacia instituciones formales.

Las instituciones formales (gobiernos, empresas, bancos, etc) surgen a medida que la sociedad crece y se civiliza, y el comercio se lleva a cabo entre personas cada vez más alejadas que no se conocen ni confían entre sí. Una institución formal intermediaria garantiza a ambas partes que una operación comercial de trueque, compraventa o transferencia de dinero puede llevarse a cabo de manera confiable. Las instituciones formales de la banca y el dinero son necesarias porque dan confianza a las partes que comercian: su propósito es garantizar que un determinado pago o transferencia de propiedad efectivamente se lleva a cabo, que no hay una trampa, y que el riesgo de pérdidas es mínimo.

En la actual sociedad global internética, las instituciones centralizadas *online* en el ámbito del comercio al consumidor son empresas intermediarias entre compradores y vendedores como EBay, Amazon, Uber, Airbnb, Spotify o Sony Music que facilitan el comercio y la interacción humana, que centralizan y monopolizan la información representativa de un valor determinado y mantienen así un inventario virtual de oferta y demanda, regulan un mercado y garantizan transacciones comerciales seguras en un entorno determinado:

compraventa de mercancías, música, transporte o alojamiento a cambio de una comisión.

Para Douglas North las instituciones son herramientas para disminuir el riesgo y la incertidumbre, para conectar a las partes y facilitar el intercambio seguro de valores en la sociedad.

En este sentido, Blockchain, Bitcoin y las NPTI son instituciones descentralizadas, altamente confiables, formales y evolucionadas que prescinden de las instituciones centralizadas que hoy actúan como intermediarios fiduciarios.

Hoy estamos ante una etapa diferente de evolución, porque las instituciones centralizadas que actúan como intermediarios confiables para el intercambio de bienes ya no son indispensables. Con las NPTI los compradores y vendedores pueden interactuar directamente, prescindiendo de un intermediario al utilizar tecnologías descentralizadas de encriptamiento matemático que reducen sus costos y aumentan la eficiencia, la velocidad y la seguridad de sus transacciones.

Tecnologías disruptivas

"The modern rule of competition is whoever learns fastest, wins."
— Salim Ismail, Exponential Organizations

Las tecnologías disruptivas son innovaciones que crean un nuevo mercado y una nueva red de valor, y desplazan a las firmas líderes establecidas, provocando la desaparición de sus productos y servicios, al ofrecer avances superiores en calidad, capacidad, eficiencia y costo que son aceptados ampliamente por la sociedad y dislocan a toda una red de valor existente.

Las tecnologías disruptivas son opositoras y subversivas por naturaleza: fortalecen nuevas actividades autónomas e independientes alentadas por la competitividad, la eficiencia y el incentivo utilitario de nuevos negocios productivos que alteran drásticamente la oferta y la demanda de las actividades económicas establecidas y modifican la conducta de grandes grupos sociales. Retan el orden establecido para ganar un mercado y obtener una ganancia mayor. Son propias del espíritu emprendedor y resultado de la innovación tecnológica.

Las innovaciones disruptivas hacen desaparecer industrias enteras, como sucedió con el declive de Kodak a causa de la fotografía digital; el relativo estancamiento de la telefonía fija vis-à-vis el auge de los *smartphones* y sus innumerables aplicaciones; la pérdida de audiencia de las grandes televisoras públicas frente a Netflix y YouTube; la hotelería tradicional frente a AirBnB, el transporte urbano de pasajeros ante Uber o la muerte de la Enciclopedia Británica con Wikipedia.

La revolución más importante de las TIC - Tecnologías de Información y Comunicación – es desde luego el surgimiento de Internet y la WWW.

El conjunto descentralizado de redes de comunicación interconectadas basado en la familia de protocolos TCP/IP, en modelos cibernéticos conceptuales como ARPANET, DARPA, OSI (Open Systems Interconnection) y en otras tecnologías complementarias y protocolos de conectividad inalámbrica permanente y transmisión segura de datos garantizaron que las redes físicas heterogéneas y dispersas que componen la compleja arquitectura de Internet formen una red lógica única de alcance mundial.

Internet, sobra destacarlo, constituye hoy el medio de comunicación más importante de la humanidad sobre el cual se han desarrollado infinidad de aplicaciones y tecnologías disruptivas complementarias.

Los ejemplos más conocidos son el correo electrónico email, y las redes de comunicación interpersonal y difusión de noticias como Facebook, Twitter, Whatsapp, y otras, que alteraron radicalmente la transferencia instantánea de información, convirtiendo al servicio postal tradicional en un medio de transporte de paquetes físicos y mercancías, eliminando a medios de comunicación como el telégrafo, el télex y el fax y los *pagers*, y transformando la estructura de los grandes diarios impresos, entre otros efectos disruptivos.

Google, Wikipedia, Explorer, Firefox, Yahoo, Spotify, Instagram y YouTube han transformado radicalmente la búsqueda y difusión de información, imágenes y conocimientos generales.

Hace 25 años, en 1990-1993, la primera revolución internética prometió a la humanidad la disponibilidad instantánea, casi universal y gratuita de información y conocimientos. Hoy es una promesa cumplida por Internet.

La robotización de operaciones, la automatización del acceso al conocimiento y a la búsqueda de información, han sido posibles gracias al desarrollo de asistentes personales como Siri, x.ai y Alexa, que sustituyeron muchas funciones de las secretarias particulares.

El almacenaje virtual de datos en la *nube*, con iCloud, Dropbox y Google Drive permite asegurar la conservación y el permanente acceso de los usuarios a toda su información. La antropometría permite la identificación inequívoca de personas a través del reconocimiento digitalizado de la voz, las pupilas o las huellas digitales.

Una vez que estos avances tecnológicos arraigan en la sociedad su tasa de penetración social se acelera y su impacto en el mercado establecido es cada vez mayor.

En la segunda década del siglo XXI han surgido un conjunto de nuevas plataformas internéticas que están evolucionando como una nueva ola de innovaciones disruptivas en la economía y la sociedad en torno a la tecnología criptográfica de redes autónomas conocidas convencionalmente como "Blockchain".

Encriptamiento unidireccional irreversible

Mathemata mathematicis scribuntur
Mathematics is written for mathematicians
-Nicolás Copérnico. De Revolutionibus.

Para grabar y transmitir información en forma indeleble e inmutable en un registro contable público, abierto y autónomo se aplican algoritmos de encriptamiento matemático avanzados que utilizan simultáneamente una clave privada (para pagar) y una clave pública (para recibir pagos).

La criptografía y la criptología son ciencias arcaicas, ramas especializadas de la matemática usadas desde hace miles de años para mantener mensajes en secreto y asegurar una comunicación privada ininteligible para cualquier adversario.

La capacidad de encriptar información para hacerla indescifrable y confiable es una función matemática esencial en las plataformas de tipo Blockchain que se aplica hoy en la resolución de problemas informáticos altamente complejos.

Las plataformas Blockchain codifican información mediante un "Algoritmo de firma digital por curvas elípticas", (ECDSA, o *Elliptic Curve Digital Signature Algorithm*) basado en la Criptografía de Curva Elíptica (*Elliptic Curve Cryptography*, o ECC), una variante de la criptografía asimétrica de clave pública basada en la teoría de los números, y en particular en las propiedades matemáticas de la estructura algebraica de las curvas elípticas en campos finitos.

Sus autores, Neal Koblitz y Victor Miller (1985), han demostrado que la ECC es más rápida, necesita claves más cortas y brinda un nivel de seguridad mucho mayor que los métodos más comunes de encriptamiento usados hoy, como RSA (Rivest-Shamir-Adleman) y Diffie-Hellman (1977).

Para todo efecto práctico, ello significa que una determinada información puede encriptarse de manera unidireccional e irreversible: "hacia delante", pero no puede desencriptarse "hacia atrás".

Cualquier conjunto de datos puede ser encriptado a través de un algoritmo de forma tal que es posible caracterizarlo y grabarlo criptográficamente, pero es prácticamente imposible revertir el proceso para descifrarlo y borrarlo, aun contando con la capacidad de los equipos de cómputo más potentes disponibles hoy. La información se procesa mediante un algoritmo que la hace pasar por una especie de "ratonera" o esclusa irreversible (*trap door*) que hace imposible alterarla una vez que ha sido tranformada y encriptada en un #hash o clave matemática.

La operación de encriptamiento y registro de una transacción incluye un sello temporal (*time stamp*) con la fecha y hora exacta en que ocurre, estableciendo con ello una prueba irreversible e infalsificable (de existencia, de procesamiento, de auditoría o de capacidad) y a partir de ese momento el hecho es ya una verdad blindada permanentemente. Nadie puede cambiarla, nunca, por ningún medio, por ningún motivo.

El escepticismo generalizado acerca de la capacidad de las NPTI para mantener la seguridad de la información se explica en parte por el desconocimiento general del público acerca del desarrollo actual de las matemáticas, aunado a la desconfianza y aversión natural de los inversionistas al riesgo en el manejo de dinero.

Tecnología de Libro Mayor Distribuido

Blockchain opera como un libro contable público, abierto y compartido, accesible a todos los participantes por medio de Internet, con base en la Tecnología de Libro Mayor Distribuido (TLD) (*Distributed Ledger Technology - DLT*). Los asientos contables de las transacciones aun no validadas se publican inicialmente en la red como una intención o propuesta preliminar y son detectadas con un software de rastreo por los mineros, quienes las validan e incorporan a un bloque o conjunto de transacciones (alrededor de 1,500 por bloque); encriptan el bloque, lo encadenan al bloque anterior y lo graban en el libro mayor.

Las transacciones son seguras gracias al proceso de encriptamiento, que requiere de algoritmos complejos, y de una clave privada y una clave pública de cada usuario que son usadas en conjunto para garantizar la seguridad total de una transferencia y la confidencialidad de las cuentas de cada uno de los participantes.

Cuando el asiento contable de una transacción es validado (mediante algoritmos que verifican su autenticidad), se agrupa con otras operaciones análogas en un bloque, el cual se agrega al bloque anterior encadenándolo a él mediante un algoritmo de encriptamiento. El procedimiento de encriptamiento es lineal, unidireccional e irreversible: es fácil de asignar, pero imposible de descifrar.

Las cadenas de bloques, cada uno formado por registros o asientos contables, integran el libro mayor (la base de datos del sistema) que se comparte (cada diez minutos, aproximadamente) entre todos los miembros de la red. El libro mayor virtual que tienen en un momento dado todos los nodos participantes es exactamente el mismo. Todas las copias deben coincidir; son exactamente iguales, y si una no coincide es automáticamente desechada como inválida. Prevalece la validación por mayoría.

Difusión de innovaciones

> *"It is a law of history that contemporaries are denied a recognition of the early beginnings of the great movements which determine their times."*
>
> *"Es una ley de la historia que los contemporáneos son incapaces de reconocer los inicios de los grandes movimientos que determinan su tiempo".*
> - Stefan Zweig.

La 'difusión de innovaciones' es una teoría sociológica que pretende explicar cómo, por qué y a qué velocidad se mueven y se aceptan las nuevas ideas, tendencias culturales y tecnologías a través de las diversas culturas e instituciones.

El concepto de la difusión cultural fue estudiado por primera vez por el sociólogo francés Gabriel Tarde (1890) y por los antropólogos Friedrich Ratzel, alemán, y Leo Frobenius, (1873 –1938), austriaco.

La idea formal fue formulada en 1936 por H. Earl Pemberton, quien afirmó que la difusión cultural puede expresarse en términos cuantitativos y ocurre a un ritmo susceptible de describirse por medio de una curva acumulativa de distribución normal de frecuencias. La teoría explica cómo una innovación es comunicada y adoptada a través de ciertos canales, a través del tiempo, entre los miembros de un sistema social y cómo esta 'nueva idea' es aceptada y divulgada entre los miembros de una determinada red social. La teoría se popularizó con el texto de Everett Rogers (1962), *Diffusion of Innovations*.

La difusión y adopción de innovaciones es un proceso sociotécnico conocido y estudiado teóricamente, aplicable a Blockchain y las nuevas plataformas de consenso, y ayuda a resolver la cuestión siguiente: ¿Cómo, cuándo y por qué será ampliamente aceptada la tecnología de la plataforma Blockchain, y su aplicación a Bitcoin, en la sociedad contemporánea?

Quienes viven inmersos en un cambio histórico no perciben claramente sus comienzos.

Puede anticiparse que los principales obstáculos a vencer serán la reticencia de los gobiernos y autoridades, instituciones reguladoras nacionales e internacionales, de las empresas financieras, bancarias y fiduciarias, y del público en general, que se conducirán con desconocimiento inicial, incredulidad o escepticismo, y prudencia cautelosa, cuando no abierto rechazo o desdén, antes de adoptar la nueva tecnología.

El proceso de cambio de paradigma no será sencillo, ya que están en juego valores e intereses sustanciales que exigen extrema prudencia y reflexión, y justifican racionalmente el escepticismo de los legos.

Las aplicaciones de la tecnología *Blockchain* se desarrollarán paulatinamente, explorando, por ensayo y error. El avance será gradual, requiere de una experimentación lenta y costosa, y vencer obstáculos considerables, pero las ganancias potenciales son enormes.

La adopción de bitcoin y otras criptodivisas en todo el mundo parece ya un fenómeno irreversible, pero las aplicaciones de las NPTI desafían a la investigación y sus resultados

Hoy, miles de mentes de estudiantes, investigadores, inversionistas y científicos, en universidades, instituciones y empresas de todo el mundo, y por supuesto en Silicon Valley, ya están trabajando en cientos de aplicaciones para el aprovechamiento y explotación comercial y financiera, económica y política de las plataformas de Tecnología de Libro Distribuido o TLD, en Sistemas de Operación por Consenso y Procesos de Decisión Colectiva y algoritmos de criptografía avanzada.

Tasa de adopción: ¿a corto o largo plazo?

La tasa de adopción de Blockchain se está acelerando rápidamente en todo el mundo, sobre todo en EUA, Europa y Asia. Aunque no es todavía una aplicación tan altamente visible, *mainstream*, como pueden serlo Uber, Facebook, Twitter o Whatsapp, cada vez más individuos, empresas e instituciones están desarrollando plataformas Blockchain, y exploran sus ventajas en distintas industrias y necesidades humanas, y puede augurarse que sus múltiples posibles aplicaciones tenderán a crecer aceleradamente, aunque la gran mayoría del público aun no la conoce, ni está habituada a su uso.

Mayores y más diversas aplicaciones específicas comenzarán probablemente en universidades e institutos de investigación, las grandes empresas, organizaciones civiles y profesionales y gobiernos, que tienen el potencial, los recursos intelectuales y la capacidad de invertir en investigación y desarrollo en áreas donde rendirá ahorros considerables, ganancias atractivas, eficiencia y seguridad de operación.

Sus beneficios tampoco serán inmediatos. Es una tecnología que comienza una etapa inicial. Para aprovecharla, las organizaciones necesitan una cuidadosa evaluación de sus capacidades, de su funcionamiento exacto; realizar experimentos, ensayo y error, resolver detalles complejos, y probablemente padecer fracasos en sus aplicaciones antes de lograr el éxito de sus resultados eficaces.

Es muy probable que durante los próximos dos, tres o cinco años se dará un incremento significativo en estos campos de investigación aplicada en todo el mundo. Y en 20 ó 50 años, nadie sabe qué pasará.

Qué es Blockchain

> Blockchain es una fuente de verdad única y compartida:
> *"A shared, single source of truth."*

El manejo racional del riesgo, y el descubrimiento de las leyes de la probabilidad y el azar en la Naturaleza y la sociedad definen quizá el paso decisivo de la antigüedad a nuestro mundo contemporáneo: la certeza científica de que el hombre no está a merced de la casualidad ni de los caprichos de la naturaleza, que no es impotente para anticipar los sucesos futuros y gobernarlos a su favor.

La búsqueda de la certeza es una manifestación esencial del espíritu científico humano, que conlleva una profunda necesidad de describir, explicar, predecir y controlar los fenómenos naturales mediante la aplicación del método hipotético deductivo. Conquistar la incertidumbre y el riesgo y descubrir la verdad es una actividad de larga tradición ininterrumpida, desde Galileo, Bacon y Newton; pero hoy disponemos de conocimientos y avances en la Cibernética que aquellos sabios acaso difícilmente soñaron.

Blockchain es **una nueva plataforma tecnológica**, es decir, un conjunto de tecnologías complementarias en interacción, que opera una base de datos compartida e inviolable, integrada por series ilimitadas y continuas de bloques encadenados de información encriptada para garantizar el resguardo y transferencia de datos y valores ciertos, con plena seguridad, en una red descentralizada y **autónoma** operada por los usuarios interconectados en nodos múltiples e independientes.

Su propósito esencial, al permitir la interacción directa entre usuarios sin necesidad de un tercero intermediario, es eliminar incertidumbre, reducir el riesgo y garantizar confianza asegurando la veracidad de las transacciones, y haciéndolas más rápidas y económicas.

Blockchain es un nuevo paradigma internético, "el paradigma de la confianza", que tiene múltiples facetas y aplicaciones, y por eso ha sido descrita como un "Rorschach del Internet" contemporáneo; cada quien ve en una mancha abstracta y compleja la proyección de sus propias necesidades, aspiraciones y problemáticas.

Una infraestructura de trasfondo
(*An infrastructure in the background*).

> *"It is a way of making and preserving truths".*
> (The Economist).

Blockchain es una "máquina de la verdad" informática, económica, financiera y comercial.

Blockchain surge, en esencia, del ámbito de la contabilidad; su propósito primario es mantener registros contables: cargos, abonos y saldos. Se manifiesta y opera fundamentalmente como una base de datos pública y autónoma (nadie la controla, no tiene un "dueño" individual, pertenece y está al servicio del conjunto de quienes la operan, y cualquiera puede participar); distribuida (no está centralizada en un solo lugar: se almacena en forma dispersa y reside simultáneamente en muchas computadoras interconectadas ubicadas en distintos lugares del mundo que guardan copias idénticas de su contenido total y cooperan a su estabilidad y crecimiento); permanentemente sincronizada, para mantener todas las transacciones actualizadas y al alcance de todos en todo momento se renueva totalmente cada diez minutos; blindada, o asegurada, mediante procedimientos de encriptamiento unidireccional irreversible, para impedir intromisiones hostiles de hackers y asegurar la permanencia, integridad y confiabilidad de toda la información que contiene.

Blockchain puede traducirse como "cadena de bloques". Un bloque es un conjunto de asientos contables verificados y criptográficamente codificados en un registro público compartido e inviolable.

Una cadena de bloques es una serie de bloques encadenados o vinculados criptográficamente en forma definitiva, irreversible e inviolable dentro de una base de datos transaccional, pública y abierta.

La base de datos es un conjunto de cadenas de bloques agrupados en un libro mayor contable, compartido por todos los nodos participantes de una red.

El libro mayor (the ledger) es público: es accesible en principio desde cualquier computadora personal; se replica periódicamente, y cada copia, completa y actualizada, reside íntegramente en forma independiente en todos y cada uno de los nodos servidores miembros del sistema y contiene todas sus transacciones.

Con esta información, es factible determinar el valor que corresponde, en un género específico de bienes, a cada usuario participante (a cada dirección, nodo o módulo integrado), en cualquier instante. Cada transferencia, cada cargo y cada abono, cada cobro y cada pago, y cada saldo, está precisamente certificado, grabado indeleblemente en el libro mayor, y todos pueden consultarlo.

El protocolo de operación de Blockchain actúa a semejanza de un notario totalmente confiable que da fe de la veracidad de cada transacción en el momento en que ocurre. Ese "notario" es el conjunto de los usuarios, que compiten entre sí para verificar la información a cambio de un pago.

Blockchain es una infraestructura sociotecnológica descentralizada sobre la cual pueden construirse sistemas lógicos y confiables de negocios; permite intercambiar dinero u otro valor de manera similar a como el Internet alteró radicalmente el intercambio de información y la distribución mundial del conocimiento.

¿Cómo funciona Blockchain?

Blockchain es mejor conocida como la plataforma tecnológica sobre la cual se desarrolló la aplicación que gobierna el funcionamiento de la primera criptodivisa fiduciaria virtual o moneda electrónica conocida como *bitcoin*.

La economía digital se apoya en plataformas (conjuntos sistematizados de diversas tecnologías interactivas), que cuando logran reunir a una masa crítica de usuarios durante un proceso inicial conocido como "Génesis", arraigan y producen efectos en la red que conducen a un crecimiento exponencial progresivo que atrae a nuevos usuarios y expulsa del mercado a los competidores menos eficientes: el email hizo desaparecer al antiguo servicio postal; la fotografía digital borró a Kodak del mapa de la producción de imágenes en sustrato fílmico, etc.

Blockchain es una "mega máquina", que involucra la participación cooperativa de miles o millones de personas colaborando en un objetivo de beneficio colectivo.

Blockchain es una plataforma de operación y registro contable que aprovecha, integra y potencia un conjunto de tecnologías ya existentes para construir una nueva capacidad de transferir valores entre dos partes sin necesidad de que exista una confianza previa entre ellas, y sin necesidad de intermediarios ("terceros confiables") que procesen y validen esa operación. Cada usuario puede confiar en que cada transacción se llevó a cabo de manera precisa y oportuna, y que su registro es permanente, inviolable e irreversible.

La tecnología subyacente en Blockchain resguarda el valor y asegura su propiedad y su inmediata disponibilidad únicamente al propietario. Las claves y salvaguardas de acceso son altamente seguras y protegen la propiedad monetaria (o de otra índole: accionaria, informática, etc.) de los usuarios.

La plataforma Blockchain también altera la necesidad de instituciones centralizadas como bancos, gobiernos y otras organizaciones al sustituir sus funciones de intermediación y certificación. Permite reemplazar gradualmente los modelos tradicionales "preinternéticos" actualmente vigentes de economía, comercio y finanzas y favorece que evolucionen hacia paradigmas mucho más ágiles, versátiles y potentes; hacia un sistema descentralizado, distribuido, transparente y autónomo para el intercambio seguro de valores, que aprovecha las ventajas sinérgicas de las nuevas tecnologías para favorecer el comercio.

Blockchain es un libro contable público y compartido que contiene registros de transacciones encriptadas confirmadas por grupos amplios de terceros independientes; es una plataforma que crea confianza. Garantiza veracidad. Elimina la incertidumbre y controla el riesgo. Valida operaciones. Es ágil, precisa y eficaz, y facilita el intercambio.

Blockchain es una plataforma de operación internética: un conjunto complejo de tecnologías, códigos y algoritmos automatizados en interacción, dentro de una red descentralizada, colaborativa, autónoma y compartida; un medio para almacenar información (y valor) de manera segura y confiable, a prueba de *hackers*. Sus propias reglas de operación lo blindan contra intrusos indeseables: sólo pueden estar dentro de la red quienes las respetan.

Blockchain es un recurso eficaz para crear confianza recíproca entre los miembros de un grupo amplio y diverso, unificado y definido por reglas implícitas de participación y pertenencia de personas que no se conocen ni confían entre sí a priori, y que en ausencia de un tercero intermediario confiable, están dispuestas a colaborar respetando y sirviéndose de reglas explícitas que les garanticen veracidad.

Blockchain ofrece a los usuarios un libro mayor abierto (*open ledger*) de operaciones que todos pueden consultar pero nadie puede falsificar, gracias a un poderoso proceso de encriptamiento unidireccional e irreversible y a un ingenioso sistema de validación colectiva, inequívoca, pública y compartida de todas las transacciones.

Blockchain es una plataforma establecida sobre una red informática "entre pares" ("*peer-to-peer network*"), en la cual cada computadora puede actuar como servidor para todas las demás, permitiendo el acceso compartido a los archivos de bases de datos conjuntamente elaborados, sin necesidad de un servidor central único.

Es básicamente un registro público certificado que asegura a todos quién es dueño de qué, qué transacciones se llevan a cabo entre quiénes, cuándo y por cuánto. Cada transacción es una "fotografía permanente" que se bloquea y se encadena (*it is locked and chained*) en una serie de bloques que son almacenados y asegurados criptográficamente; la cadena queda bloqueada, bajo una llave matemática indescifrable.

Esto crea un registro inmutable e infalsificable de todas las transacciones que se operan a lo largo del sistema. La contabilidad, o conjunto de registros, se replica en cada una de las computadoras de los usuarios de la red.

Blockchain no es una aplicación, no es una empresa. Es un nuevo paradigma internético colectivo basado en un conjunto de tecnologías interactivas residentes en una plataforma pública.

Se asemeja a Wikipedia: Podemos ver todo. Es un complejo de información transparente que se actualiza constantemente. Podemos observar los cambios, y podemos crear nuestra propia "Wikipedia" de valores: es una infraestructura permanente de datos en constante evolución. Puede almacenar números, palabras e imágenes y las conserva inmutables en el tiempo.

Por todo ello Blockchain ha sido descrita por algunos expertos como "la revolución tecnológica más importante desde el surgimiento de Internet".

¿Cómo surgió Blockchain?

Las fallas y colapsos de los sistemas de procesamiento centralizado e insuficientemente supervisado de transacciones económicas, comerciales y crediticias, han generado desconfianza del público hacia las instituciones bancarias y financieras y hacia los gobiernos, por la utilización y aprovechamiento fallidos de los recursos públicos en el mundo, tanto en los países desarrollados como en los menos desarrollados.

Los ciudadanos no entienden ni justifican ni aprueban por qué algunos gobiernos utilizan los impuestos de los contribuyentes para rescatar a instituciones financieras y bancarias que han sufrido quebrantos por fallas y errores que ellas mismas ocasionaron como resultado, entre otras razones, de la incapacidad, torpeza e ineficiencia o de la voracidad o falta de ética de los operarios responsables de manejarlas y la supervisión ineficaz de las instituciones reguladoras en la inflación artificial de carteras hipotecarias, crediticias y monetarias. La desconfianza generalizada del público ha provocado una crisis de legitimidad institucional que merma el potencial económico y daña a la sociedad.

Los contribuyentes, especialmente en regímenes de gobierno ineficaces o altamente proclives a la corrupción, no saben qué parte de sus impuestos pasa a manos privadas a través de oscuros mecanismos ilegítimos de transferencias sucesivas de la propiedad carentes de registros fidedignos.

Los inversionistas, las empresas, las asociaciones cívicas, y las instituciones nacionales y mundiales, públicas y privadas, con sobrada razón, exigen transparencia en la transferencia de bienes de propiedad institucional, comercial y empresarial, pública y gubernamental. Esta condición es claramente esencial para la salud de su sistema económico, la estabilidad de las finanzas públicas, el bienestar de los ciudadanos y la buena marcha y el desarrollo equilibrado y próspero de un país.

El endeudamiento y la calidad crediticia de la deuda de gobiernos estatales también reclama la atención de las OSCs, organizaciones de la sociedad civil, que exigen transparencia, precisión y garantía fehaciente acerca de sus montos y la aplicación de los recursos de parte de las instituciones centrales. Es un principio elemental e irrebatible de orden y de salud financiera en el manejo de las finanzas públicas.

La ineficiencia y las duplicidades de los grandes sistemas centralizados de registro y verificación (de inversiones, propiedades, pagos y transferencias), siempre vulnerables al error, al crimen, la codicia y la corrupción, han ocasionado pérdidas graves a muchas personas, contribuyentes, inversionistas, empresas, instituciones y gobiernos, además de ser ineficientes, poco confiables y caros.

Así, los sistemas opacos y deficientemente supervisados constituyen a menudo más una rémora para el desarrollo de la eficiencia, la generación de ahorros y utilidades, que un estímulo para maximizar y garantizar el valor de la propiedad legítima para todos, y para incrementar así la riqueza del país y su justa y adecuada distribución.

La crisis de 2008

Lehman Brothers en bancarrota. El 15 de septiembre de 2008, Lehman Brothers se declaró en bancarrota. Con $639 mil millones de dólares en activos y $619 mil millones de dólares en deudas, la declaración de quiebra de Lehman fue la más grande de la historia, y sus activos superaron ampliamente a los de gigantes anteriores como WorldCom y Enron. Lehman fue el cuarto banco de inversión más grande de Estados Unidos en el momento de su colapso, con 25 mil empleados en todo el mundo.

La quiebra de Lehman Brothers también lo convirtió en la mayor víctima de la crisis financiera estadounidense inducida por hipotecas *subprime* y ventas en corto que azotó los mercados financieros mundiales en 2008. El colapso de Lehman fue un evento seminal que intensificó la crisis de 2008 y contribuyó a la erosión de cerca de $10 mil millones de dólares en el mercado en octubre de 2008, la mayor caída mensual registrada en ese momento."

(http://www.investopedia.com/terms/l/lehman-brothers.asp)

Satoshi Nakamoto

La tecnología Blockchain surgió en 2008, dos meses después del monumental colapso financiero de Lehman Brothers. Un misterioso autor, que permanece desaparecido y no identificado, Satoshi Nakamoto, considerado el inventor de Blockchain, publicó un artículo técnico de solo nueve páginas definiendo sus fundamentos: *"Bitcoin: a Peer-to-Peer Electronic Cash System"*.

satoshin@gmx.com   https://Bitcoin.org/Bitcoin.pdf   www.Bitcoin.org.

Dice: "Una versión de dinero electrónico efectivo, *cash*, puramente "de-igual-a-igual" permitiría efectuar pagos en línea directamente de una parte a la otra sin atravesar por una institución financiera".

En las redes sociales corre el rumor acerca de que Satoshi Nakamoto es un seudónimo de un consorcio integrado por las empresas Samsung, Toshiba, Nakamichi y Motorola, o por empresas de la Unión Europea, que reservaron para sí un millón de bitcoins antes del lanzamiento de la oferta pública inicial de bitcoin, pero esta versión no ha sido confirmada, y el asunto es materia de especulación e intriga en el medio internacional.

Texto original

(2009)

Bitcoin: A Peer-to-Peer Electronic Cash System
Satoshi Nakamoto
satoshin@gmx.com
www.bitcoin.org

Abstract

"A purely peer-to-peer version of electronic cash would allow online payments to be sent directly from one party to another without going through a financial institution. Digital signatures provide part of the solution, but the main benefits are lost if a trusted third party is still required to prevent double-spending.

"We propose a solution to the double-spending problem using a peer-to-peer network. The network timestamps transactions by hashing them into an ongoing chain of hash-based proof-of-work, forming a record that cannot be changed without redoing the proof-of-work. The longest chain not only serves as proof of the sequence of events witnessed, but proof that it came from the largest pool of CPU power. As long as a majority of CPU power is controlled by nodes that are not cooperating to attack the network, they'll generate the longest chain and outpace attackers. The network itself requires minimal structure. Messages are broadcast on a best effort basis, and nodes can leave and rejoin the network at will, accepting the longest proof-of-work chain as proof of what happened while they were gone."

* * *

Blockchain y Bitcoin. Estructura y funcionamiento

De acuerdo con el planteamiento de Satoshi Nakamoto, un sistema contable de registro de efectivo electrónico (e-cash) para la autentificación de los montos de activos y transacciones, basado puramente en una red de pares "de-igual-a-igual" (*peer-to-peer network*), integrada por nodos independientes no centralizados que se comunican continuamente entre sí permitiría efectuar pagos inmediatos y confiables en línea, directamente de una parte a otra, sin atravesar por un proceso de registro y validación de una institución financiera central confiable que actúe como intermediario para respaldar y garantizar su autenticidad.

Las firmas digitales de autorización actualmente en uso (mediante códigos encriptados) permiten solucionar una parte del problema de la certificación, pero sus beneficios potenciales (simplicidad, certeza y velocidad) se pierden si un tercero confiable (un nodo básico central intermediario) sigue siendo necesario para evitar un doble gasto, es decir, un pago fraudulento o equívoco de fondos inexistentes.

Una solución propuesta que resuelve el problema del doble pago (que evita gastos duplicados y mantiene saldos veraces) consiste en desarrollar e implantar una red de pares (*a peer-to-peer network*) o nodos independientes interconectados que comparten una misma base de datos y así validan, en conjunto, la autenticidad de todas las operaciones efectuadas entre cualesquiera de ellos.

La red contiene mecanismos autónomos que aplican automáticamente sellos de tiempo certeros y precisos (*time stamps*, con fecha, hora, minuto y segundo) a cada una de las transacciones al agruparlas secuencialmente dentro de una cadena continua de registros.

Los registros, denominados bloques, son pequeños conjuntos de información codificada que constituyen pruebas autónomas de asientos contables de operaciones o transacciones secuenciales autentificadas.

Su autenticidad se basa en su encadenamiento inviolable dentro de la propia agrupación o cadena, (cada operación ocupa un punto medio fijo en la serie, entre un antecedente y un consecuente) formando así un registro secuencial de operaciones encadenadas que no puede ser alterado sin modificar la prueba de operación, y en consecuencia la autenticidad, de cada una de las transacciones registradas.

La modificación de una prueba de autenticidad se vuelve prácticamente imposible si la operación está encadenada dentro de una secuencia que es compartida simultáneamente por todos los integrantes de la red.

La cadena de operaciones contables estará entonces blindada y es inviolable ya que un actor individual cualquiera no puede alterar al mismo tiempo las cadenas redundantes idénticas residentes en la base de datos que es compartida por todos los integrantes de la red.

Este algoritmo o procedimiento, basado en la transmisión de todas las operaciones potencialmente compartidas entre todos los nodos permite reducir a cero la incertidumbre en la validez de una operación determinada y otorga una certeza en la veracidad de la transacción a quienes la operan y a todos los demás integrantes de la red.

La cadena más larga no sólo sirve como prueba de la secuencia veraz de operaciones testificadas (o validadas); su validez se apoya también en que proviene de la mayor fuente de poder colectivo de las CPU -Unidades de Procesamiento Central interconectadas que integran la red: a mayor cantidad de participantes validando el conjunto de operaciones, mayor confiabilidad de cada una de las operaciones.

Mientras la mayor parte de la capacidad de transmisión y cómputo del sistema sea controlada simultáneamente por un conjunto amplio de nodos independientes que no están cooperando para atacar a la red, dichos nodos generarán la mayor cadena y nulificarán la posibilidad de ataques.

Cada nodo individual (e incluso un subconjunto menor de nodos) no tiene incentivos para atacar a la red, alterando la información a su favor, en la medida en que es prácticamente imposible hacerlo, ya que no tiene acceso a los demás nodos integrantes, ni puede sobrepasar las reglas de operación; pero sí tiene incentivos para cooperar con la red, ya que obtiene beneficios de certidumbre al efectuar sus propias operaciones y también obtiene una ganancia económica potencial si participa activamente como minero en la validación y publicación de nuevos bloques encadenados.

En términos económicos y financieros este cambio de paradigma podría hacerse análogo a la transición política de la monarquía absoluta (poder central) a la democracia participativa (poder descentralizado).

La red como tal requiere de una estructura mínima: su esencia reside en la propia tecnología de operación, y su poder deriva de la suma interactiva de las capacidades, participaciones, software y hardware del conjunto de los nodos integrantes.

Los mensajes se transmiten abiertamente sobre la base del mejor esfuerzo colectivo; los integrantes tienen incentivos para fortalecer la confiabilidad del sistema conjunto, y los nodos pueden salir y volver a unirse a la red voluntariamente, aceptando las cadenas de validación del trabajo conjunto como prueba fehaciente de que lo sucedido mientras se encontraban ausentes es confiable.

Los incentivos para validar una cadena son de carácter económico y consisten en una pequeña comisión que se acredita a quien valide y publique una cadena de conformidad con las reglas de operación del sistema. Dichas reglas son rígidas e inalterables, y el trabajo de validación requiere de un esfuerzo de cómputo adicional del participante.

Los participantes en el trabajo de validación forman un subconjunto voluntario de los nodos y se denominan "mineros"; su labor consiste en explorar la base de datos para encontrar operaciones que puedan ser validadas con certeza, encadenarlas y publicar la nueva cadena aumentada y certificada para uso de los demás integrantes, a cambio de lo cual obtienen una ganancia explícita proporcional, fija y aprobada por las reglas de operación del sistema.

Los enigmas de la contabilidad centralizada

> *"Banks could save up to $20 BUSD*
> *if they use Blockchain to connect their networks"*
> *- Santander*

Cada organización tiene su propio centro de información. A menudo existen distintos "centros de información oficial" dentro de la misma organización (vgr. los departamentos de producción, ventas y contabilidad de una misma empresa) y esta dispersión conduce a inconsistencias y problemas.

Hay frecuentemente una explosión indiscriminada, relativamente desorganizada de información, y una duplicidad de bases de datos, procesos informáticos y reportes en grandes bodegas electrónicas de datos inconexos que conduce a ineficiencias, desperdicios, fugas, fraudes y pérdida de bienes. Hay manipulación de informes; escamoteo de datos y transferencia ilegítima de la propiedad; es un terreno fértil para abusos, robos y ocultamientos que las propias organizaciones se encargan de soslayar.

Prácticamente todas las grandes organizaciones tienen grandes concentraciones aisladas de poder informático, que no se comunican entre sí, y que sólo están sujetas a la supervisión de sus propios operadores. En una misma empresa pueden coexistir, a veces en rivalidad, dos o más sistemas de contabilidad cuyos resultados finales no coinciden y deben conciliarse pragmáticamente mediante "ajustes" contables artificiales, arbitrarios o convencionales para obtener un panorama corporativo congruente y "único". No existen códigos internos, interinstitucionales, e internacionales, para la interconexión y el intercambio de información "estándar", común y específica, ya que sus arquitecturas digitales son incompatibles. Y cada quien confía solo en su propio sistema.

Los usuarios individuales, internos o externos, dependemos cada vez más de estas organizaciones centrales para intercambiar datos, información y valores e interactuar unos con otros, y para ello estamos obligados a confiar en tales intermediarios. El escepticismo y la desconfianza en la operación de estas grandes organizaciones centralizadas de información es creciente en la medida en que no ofrecen suficiente transparencia.

Incertidumbre y desconfianza

En la complejidad de la economía actual prevalece la incertidumbre y la desconfianza en la información que generan las grandes organizaciones.

- El ciudadano común a menudo no sabe o no entiende lo que dicen, o no sabe si lo que dicen es cierto o no, y debe confiar ciega o tuertamente en lo que le dicen, cuando se lo dicen.

- El director general o el accionista de una empresa no siempre sabe precisa y oportunamente cómo se están gastando o invirtiendo los recursos y los activos del negocio. No está seguro de que se aprovechan óptimamente.

- El contribuyente no sabe cómo las autoridades gastan los impuestos, pero se supone que debe confiar *a priori* en que los gastan correcta y honestamente.

- El ciudadano o el miembro de un partido político no sabe qué asuntos están en juego ni si sus diputados o senadores votan a favor o en contra de leyes y decisiones que le benefician o le perjudican.

Las causas son miles, pero las evidencias de la desconfianza pública se dan constantemente en la prensa, en las redes y en la opinión pública:

Wikileaks, The Panama Papers, Occupy Wall Street, Odebrecht Brasil, quiebras fraudulentas de empresas, asignación oscura e ilegítima de contratos a cómplices corruptos, simulación de gastos, contratación oculta de deudas, desviación de presupuestos gubernamentales o corporativos para beneficios privados ilegales, inflación de precios en compras de gobiernos y empresas, fraudes a inversionistas, promesas incumplidas a consumidores, contratos leoninos de crédito, cobros arbitrarios, privatización delincuencial de bienes públicos, administradores, gobernantes y funcionarios delincuentes, etc. son solo algunos ejemplos de la supervisión ineficaz de transacciones financieras inciertas e inescrupulosas que generan inconformidad y problemas diversos en la relación de las organizaciones con sus miembros, afiliados, accionistas, clientes o proveedores.

La transparencia de las operaciones es borrosa o nula, la información acerca de muchas transferencias de valor es prácticamente inexistente, cuando no engañosa. Los bosques de información a menudo son áreas cerradas e impenetrables, zonas oscuras, monopolizadas por "expertos", y expuestas a ser botín de pillos y de gerentes, operadores y funcionarios tramposos, ineptos o ignorantes que eluden el control profesional de la dirección, de las leyes y del gobierno.

La tecnología de libros abiertos distribuidos de Blockchain (*Distributed Ledger Technology*) permite abrirlos al escrutinio público y establecer un nuevo paradigma confiable en el manejo de la información contable. Es una herramienta indispensable de administración en la medida en que introduce certeza y transparencia en el manejo de operaciones contables esenciales y puede evitar desviaciones ilegales.

La contabilidad abierta permite derribar los muros de la incomunicación, descentraliza las operaciones y las pone en manos de los propios usuarios interesados y ya no de terceros anónimos. Es una salvaguarda confiable para todos los usuarios y operarios, que la aprovechan en forma cooperativa y coordinada.

Quienes operan un sistema abierto y descentralizado, gracias a las propias reglas fijas del sistema, automáticamente deben rendir cuentas en forma inmediata y automática, porque la transparencia y la precisión son implícitas: constituyen los requisitos previos para operar, y por lo tanto, todos los participantes están constantemente supervisados por ellos mismos y sujetos a reglas precisas e invariables aceptadas por todos. El sistema es naturalmente transparente y no hay lugar a ocultamientos, ya que cuando se registra y confirma públicamente una transacción es porque realmente ocurrió, y queda abierta al escrutinio de todos los participantes.

El sistema Blockchain opera bajo una lógica transparente: abre toda la información relevante al público usuario (o a los miembros de una determinada plataforma Blockchain) y así crea una forma novedosa de operar, de comerciar e interactuar en la sociedad; conduce a un sistema económico diferente, más eficaz, diáfano y preciso, altamente confiable y eficiente, y por lo tanto, a prueba de fraudes.

Los "Blockchains" son una manera de eliminar la incertidumbre y de acercar al mundo, a unas personas con otras y a cualquiera con cualquiera otro en forma confiable; son una respuesta de la ciencia y la tecnología internéticas del siglo XXI para reducir las barreras de acceso a la información, y para facilitar y gestionar el ingreso de millones de usuarios potenciales, públicamente y sin intermediarios, al ámbito del comercio, la banca y las finanzas.

Blockchain elimina la necesidad de intermediación; al ser una plataforma autónoma y descentralizada, la relación se establece directamente de un usuario a otro mediante reglas de operación fijas, explícitas, precisas y confiables.

Blockchain es una manera eficaz, apoyada en la tecnología y en una participación colectiva programada y controlada, para socializar la confianza con precisión, de la misma manera como el Internet abrió públicamente las comunicaciones, y Gmail, Hotmail, Facebook, Twitter, Wikipedia y otras plataformas permitieron divulgar con certeza la información y el conocimiento en formas inimaginables hace solo 25 años, en 1992.

La interoperabilidad de Blockchain se construye "de abajo hacia arriba", en forma ascendente, a partir de la gente, sus necesidades y sus instituciones, apoyada en la funcionalidad y enorme capacidad de cómputo de los sistemas tecnológicos hoy disponibles.

Hoy es posible crear formas enteramente nuevas de interrelación para millones de personas en todo el mundo. Una persona puede interactuar con otra e intercambiar bienes y valores, y no sólo información, con certeza, sin necesidad de recurrir a un tercero "intermediario confiable" para lograrlo, porque ese intermediario es el sistema mismo, la lógica de una plataforma Blockchain, su propio código operativo.

El respeto a la ley

Homo est simio latro cum instrumenta.
El hombre es un mono ladrón con herramientas.
- *Fabulae apocryphas Phaedri*

La *Distributed Ledger Technology* de Blockchain es una manera de contrarrestar las tendencias negativas y equívocas del hombre, ya que en la vida real la corrupción, el robo, la delincuencia de cuello blanco, la avaricia, la deficiente educación cívica, la falta de ética y valores universales, la irresponsabilidad y la incuria, y en fin, el mal, infectan y reducen grandemente la capacidad humana para respetar y hacer respetar las leyes y las reglas de convivencia, y así limitan y condicionan el sistema económico entero, dificultando su plena y provechosa funcionalidad.

Blockchain es un concepto concebido para obligar sistemáticamente el cumplimiento de compromisos concretos, para asegurar que se respetan ciertos derechos específicos consagrados en un determinado sistema, confirmar que se aplican en todas sus operaciones, y así permitir que todos interactúen y se enriquezcan materialmente en forma libre, legítima y no sujeta a la ineficiencia, al robo, la explotación y el abuso.

Blockchain reside en redes amplias de nodos o computadoras independientes pero interconectadas, que copian, intercambian y almacenan exactamente los mismos contenidos, verifican su congruencia y precisión unos con otros y confirman la veracidad de cada una de sus operaciones por consenso. Constituye una forma avanzada de colaboración y cooperación, mediante acuerdos explícitos compartidos, que beneficia a todos los usuarios.

El código de Blockchain, su funcionamiento intrínseco, es simultáneamente un sistema económico y regulatorio: lleva inscritas las normas que hacen obligatorio su cumplimiento a priori. Para operar una transacción de pago en Bitcoin, por ejemplo, es necesario, de antemano, que cumpla con determinadas reglas que garantizan su autenticidad, o de lo contrario no es posible ingresarla siquiera, porque la propia red de usuarios vigila cada etapa de su cumplimiento y la acepta o rechaza automáticamente en función de ello. Si el pagador no tiene fondos, o su firma (digital) no coincide, la red de usuarios la bloquea, impidiendo su aceptación.

Los actuales sistemas centralizados de contabilidad, originados en la banca veneciana del s XV por Luca Pacioli, definen las reglas y confían en un tercero regulador o auditor para que compruebe su aplicación y corrija sus discrepancias; un proceso falible, lento y costoso. En Blockchain es la propia red de los usuarios, su consenso mayoritario, lo que garantiza su cumplimiento: no necesita al intermediario.

Dado un numero suficiente de usuarios, y una aplicación precisa de los principios básicos de Blockchain, el ámbito de interacción es muy seguro; la ubicuidad y el encriptamiento lo hacen virtualmente impenetrable, inviolable e indestructible: unos usuarios ayudan a otros, y todos se ayudan entre sí, para garantizar la confianza de todos en todos, y de cada uno en cualquier otro. El sistema se blinda: está a prueba de *hackers* y de tramposos, y opera solo en beneficio de todos aquellos que lo aprovechan, respetando sus reglas, para crear riqueza legítimamente, y no para sustraerla.

Economía e incertidumbre

La economía analiza la forma en que intercambiamos valores. Blockchain es una tecnología que altera fundamentalmente la manera como intercambiamos valores. Si la manera de intercambiar valores es más segura, más rápida y menos costosa se eleva la eficiencia del sistema económico, financiero y comercial en conjunto.

El hombre busca reducir la incertidumbre y el riesgo que surge del desconocimiento del otro, para facilitar el intercambio de valores, para trocar la competencia en colaboración y fundamentar así los beneficios mutuos del comercio y del esfuerzo colectivo.

Blockchain satisface esta necesidad fundamental de confianza, al permitir intercambiar valores sin riesgo.

El *jiu-jitsu* de la desconfianza

El arte marcial del *jiu-jitsu* japonés es el arte o técnica de ser suave, gentil, adaptable, flexible y versátil; representa el principio de manipular la fuerza del oponente contra él mismo en lugar de confrontarlo con nuestra fuerza propia. Así, el concepto fundamental de Satoshi Nakamoto, inventor de Blockchain, aprovecha precisamente la desconfianza hacia los demás como la fuerza que mueve a todos a cooperar para garantizar la confianza, derrotar la incertidumbre, obtener un beneficio mutuo y proteger así la seguridad individual y el bienestar colectivo.

Las plataformas Blockchain ofrecen las condiciones necesarias para asegurar ese ingrediente esencial, el binomio indisoluble confianza – cooperación y por ello representan una tendencia necesaria, ineludible e irreversible de la economía contemporánea.

La fuerza que mantiene o impulsa a Blockchain es precisamente nuestra desconfianza mutua, pero planteada y resuelta en un plano frío y objetivo, impersonal, codificado, eficiente y funcional. Para ello no son necesarias personas o instituciones intermediarias (pesadas, costosas, lentas y falibles) que reduzcan la incertidumbre y garanticen la validez, sino un código autónomo que haga acopio de la desconfianza colectiva y la use para colaborar de una manera más eficaz, segura y abierta, a favor de la reducción objetiva de riesgos.

Qué es Bitcoin

Un "bitcoin" (de *bit*, abreviatura de *binary digit*, y *coin*, moneda) es una "criptodivisa" (cuyo acceso está cifrado con una clave) o "moneda virtual"; es una unidad de representación de dinero digital: la tecnología que la apoya permite asignarle un valor virtual (tiene la virtud de producir un efecto, un pago); tiene un valor monetario convencional ampliamente aceptado que oscila en el mercado según la oferta y la demanda y es de fácil convertibilidad en dólares.

Bitcoin es una divisa virtual internacional descentralizada; *a decentralized virtual currency,* según el US Treasury.

Cada bitcoin tiene un propietario único, identificable e infalsificable que puede libremente efectuar operaciones de transferencia de ese valor directamente a otro titular: puede hacer pagos instantáneos y seguros sin necesidad de un intermediario, a muy bajo costo.

El usuario es el único dueño de sus activos (o sea, de su dinero en bitcoins); nadie más tiene acceso a sus fondos. Es el único que puede decidir libremente qué hacer con ellos; puede recibirlos, guardarlos y pagarlos a otro miembro por medio de la plataforma Blockchain, que hace un cargo a su cartera, hace el correspondiente abono a la cartera del beneficiario, actualiza sus respectivos saldos y "encadena" los asientos contables de esta transacción de manera inalterable e irreversible, dentro de un bloque de información, en una contabilidad general única, pública y compartida.

Bitcoin está respaldado por una tecnología de cómputo altamente compleja, robusta, precisa y confiable. Su esencia reside en la matematización, codificación y programación de las funciones esenciales del sistema. Es una divisa fiduciaria respaldada por la confianza recíproca de los usuarios en la criptografía.

Bitcoin es una plataforma y también una moneda. Convencionalmente, cuando nos referimos al protocolo internético y a la red de pagos, Bitcoin se escribe con mayúscula; cuando se trata de la unidad monetaria en sí, se escribe bitcoin, con minúscula. Su código es BTC.

Bitcoin –la plataforma– es un sistema para efectuar transacciones electrónicas de valores sin necesidad de apoyarse en la confianza, y bitcoin –la moneda– es una criptodivisa digital generada y asegurada en el ciberespacio por la plataforma Bitcoin: el software y la red de equipos de cómputo igualitarios, autónomos e interconectados (*peer-to-peer networked devices*) que mantienen un registro colectivo de todas las transacciones monetarias que ocurren dentro del sistema.

La plataforma Bitcoin se apoya en la aplicación de códigos criptográficos matemáticos inviolables ("tipo Blockchain") para evitar el robo de información, el espionaje y la intrusión del crimen organizado durante la transmisión, almacenaje y recepción de datos y valores a través de redes internéticas con el propósito de proteger la privacidad y asegurar la propiedad y la integridad económica de los usuarios.

Bitcoin es básicamente un sistema seguro de pagos con una moneda digital virtual de valor fiduciario aceptada unánimemente por todos sus usuarios.

Bitcoin (2009) es la primera criptomoneda basada en un libro mayor abierto descentralizado; es la más conocida, más popular y más visible en el mercado mundial, y la que ha alcanzado la capitalización de mercado más alta de todas las criptomonedas y divisas digitales: unos $20 mil MUSD en 2017. El volumen de transacciones comerciales cada 24 h es del orden de $200 MUSD.

En julio 2016 había un total de más de 740 criptodivisas en circulación; de ellas, más de 710 son aptas para comerciar en mercados online. Sin embargo, solamente unas cuantas, aproximadamente 50, han alcanzado una capitalización de mercado superior a $10 MUSD. Algunas son criptodivisas privadas de uso específico, tales como "millas aéreas" o "puntos" para recompensar lealtad de los clientes de aerolíneas o cadenas comerciales.

Función del dinero

En las sociedades desarrolladas, las divisas, sus monedas oficiales (dólar, euro, yen o rublo, libra o peso), son instrumentos que cumplen tres funciones esenciales:

- son unidades de **medida** del valor; permiten valuar bienes y servicios;
- contienen, representan y **almacenan** valor, y lo conservan a lo largo del tiempo;
- son medios de **cambio** comercial y financiero, permiten pagos y cobros seguros, facilitan la compraventa de bienes y servicios, la inversión y el crédito.

Bitcoin cumple con estas tres funciones esenciales, a escala mundial, sin la regulación de un banco central y es intercambiable con las principales divisas mundiales (USD, EUR, GBP, CAD, AUD, HKD, JPY...)

Transmitir valor real

La plataforma internética Bitcoin es "la punta del iceberg de Blockchain"; es la aplicación específica más visible y más popular, la primera aplicación exitosa de las tecnologías Blockchain para permitir la transferencia segura de dinero digital de una persona a otra, del mismo modo como el email, Facebook o Twitter permiten enviar un mensaje encriptado directamente de un emisor a un destinatario. Con Bitcoin, en lugar de información, se transmite dinero.

En la práctica, Bitcoin ofrece por primera vez una manera sencilla y eficaz para que un usuario de Internet transfiera directamente la propiedad de una unidad monetaria digital específica a otro usuario en forma garantizada y segura, comprobable públicamente, inalterable e irreversible, a muy bajo costo y sin necesidad de un tercero intermediario.

Las consecuencias de un avance tecnológico de esta naturaleza son difíciles de exagerar, y aun de imaginar a mediano o largo plazo. Sus efectos serán profundos y duraderos en el modo de operar de la economía mundial. Muchos de ellos ya son claramente observables en la tecnología financiera, *Fintech*, y otros ámbitos.

Oro virtual

El dinero puede estar respaldado por las reservas de oro o de dólares de un banco central que emite una divisa. O bien, como el dólar, por la simple confianza del público usuario en su valor, que se apoya en su amplia aceptabilidad como medio de pago, en el prestigio de la divisa y en el poder de la economía que representa.

Satoshi Nakamoto diseñó Bitcoin como una especie de "oro virtual" u "oro digital". Como el oro, es un bien escaso y su oferta es limitada: sólo puede haber 21 millones de bitcoins: ni uno más. (Unos 16 millones ya están en circulación; los demás están en reserva). Su propio diseño define esa limitación: no se pueden emitir más. Es imposible incrementar artificialmente la oferta, como sucede con monedas fiduciarias (*fiat currencies*) como el dólar, que puede emitirse e imprimirse indefinidamente. Como el oro, el bitcoin se extrae -y se monetiza en la economía y en los negocios- por un proceso de "minería". Los pagos a los mineros internéticos que mantienen funcionando el sistema se hacen emitiendo bitcoins, de la reserva virtual a la circulación efectiva, y depositándolos en sus carteras electrónicas.

Minería de datos

La minería de datos es un componente esencial de la plataforma Bitcoin: es la fuerza laboral que lo mantiene actualizado y funcionando. Bitcoin requiere de un sistema contable dinámico que asegure su operación, es necesario registrar, validar, encriptar y encadenar cada una de las operaciones de transferencia, y son los mineros quienes cumplen esta tarea.

Esa labor de validación, encriptamiento y encadenamiento de registros se lleva a cabo por los propios usuarios de la red, en forma voluntaria, colectiva, colaborativa y remunerada y se denomina minería de datos, o *data mining*; la practican los mineros de datos, *data miners*. Cualquier persona puede ser un *data miner* si cuenta con las herramientas apropiadas.

Al actuar como validadores, los mineros dedican considerable tiempo, energía eléctrica y poder de cómputo a una función específica compleja: a rastrear operaciones en la red, a validarlas y certificarlas, y a grabarlas en forma indeleble en el libro contable, agrupándolas y encadenándolas en bloques. A cambio de cada operación validada cobran una comisión que el sistema les asigna en forma automática.

Cada día se ejecutan y encadenan más de 120 mil transacciones en Bitcoin. El libro contable o *ledger* contiene aproximadamente 380 mil bloques, mide 45 GB y sigue creciendo. (Re: blockchain.info, abril, 2017). La transmisión y almacenaje de su creciente volumen informático es de hecho uno de los problemas operativos a resolver en el largo plazo.

Los mineros son nodos participantes de la red que validan las transacciones a través de la resolución de problemas matemáticos complejos, con software especializado, para confirmar transacciones, encriptarlas, ingresarlas al libro mayor y obtener una recompensa financiera por su confirmación.

Los mineros compiten entre sí para encontrar y validar las transacciones, tantas como puedan, y cobrar una comisión por cada bloque que añaden y encadenan a la red.

Validación de transacciones

Los mineros deben validar la transacción. Si una transacción cumple con los requisitos del sistema, puede validarse, encriptarse y grabarse en el Libro Mayor, que está abierto a todos.

Un minero puede confirmar que una transferencia de dinero de A a B es válida cuando A tiene los fondos necesarios, ha autorizado la transferencia con su firma digital, y B tiene una cartera digital donde puede recibir los fondos de A. Si B recibe los fondos y son abonados a su cuenta, la transacción se completa, se encripta y se completa al agregarse al bloque. Cuando se valida un número dado de transacciones (aproximadamente 1,500 a 2,000) se incluyen en un bloque y este se encadena al bloque anterior. El valor actual de un bloque no puede exceder de 1.0 MB. La base de datos se actualiza cada diez minutos en todos los nodos de la red mundial, incorporando todos los bloques nuevos que registran los mineros.

Encriptamiento

Un minero necesita encontrar una llave, o código criptográfico, (un #hash) para encriptar y añadir la transacción a un nuevo bloque, y para encadenar este nuevo bloque al bloque anterior en el Libro Mayor. Encadenar significa vincular permanentemente mediante un proceso de encriptamiento unidireccional irreversible de información consistente en algoritmos de cómputo.

Un #hash es una clave encriptada unidireccional e irreversible. Es un código relativamente fácil de definir (por algoritmos programados), cuyo valor incorpora el valor del #hash del bloque anterior, y todos y cada uno de los elementos y valores del contenido de la transacción que va a registrarse. Un #hash es un código alfanumérico de unos 30 caracteres como este: 809fyu5jj32ne75yvi4lla12mil79h, con un rango variable aproximado de 2^260 valores únicos; cada #hash es único e irrepetible y el número de #hashes disponible es prácticamente infinito.

Ese código encriptado es indescifrable, y por lo tanto no es posible modificar el contenido del bloque anterior, ni de cualquiera otro dentro de la cadena. Y si acaso se altera un solo elemento del contenido del bloque anterior (bastaría cambiar un punto o una coma solamente), el #hash resultante cambia y al ser distinto no coincide con el #hash sucesivo registrado en los demás nodos de la red, el bloque alterado queda automáticamente "desencadenado" y es rechazado como inválido por todos los nodos.

En un proceso dinámico es imposible para un *hacker* malintencionado alterar idéntica y simultáneamente la totalidad de los registros residentes en las bases de datos de miles de usuarios dispersos, y por eso puede confiarse en que un bloque encadenado representa una operación 100% auténtica, inalterable e irreversible.

Para encontrar una clave #hash válida es necesario un proceso de ensayo y error que requiere de una capacidad relativamente potente de cómputo y de software *ad casum*: para ello existen diversos programas de minería de datos en el mercado, y algunos son gratuitos.

¿Cuánto paga la minería de bitcoins?

La labor de los mineros es recompensada mediante el pago de una comisión preestablecida que se abona automáticamente a su cuenta cada vez que consigue validar y encadenar un conjunto determinado de transacciones conforme a las reglas del sistema. Cada bloque o conjunto de asientos contables minado tiene un precio de pago. Las tarifas están programadas, son conocidas públicamente y se asignan al minero mediante un *smart contract*.

La tarifa de pagos fue diseñada por Nakamoto para ser suficientemente lucrativa y poder atraer rápidamente a nuevos mineros, sobre todo en las etapas iniciales del sistema. Inició con un pago 50 bitcoins por cada bloque minado, y el monto del pago se programó para disminuir periódicamente a la mitad (25 BTC, 12.5 BTC, etc) cada vez que un determinado número de bloques (210,000) fuesen emitidos al mercado mundial. Esto sucede en principio cada cuatro años aproximadamente.

Esta regla pretende garantizar un aliciente económico decreciente para mantener la información en proceso constante de validación conforme aumenta el número de mineros. A mayor número de mineros activos, menor el pago.

La minería de bitcoins fue una actividad altamente redituable en sus inicios, durante el lanzamiento de la plataforma. El incentivo para los mineros en la etapa inicial, llamada la "Génesis" del sistema, fue muy atractivo, a fin de acelerar el incremento en el número de usuarios y de mineros y así alcanzar un punto crítico de inflexión que asegurara el desarrollo de la plataforma y su arraigo entre el público, al igual que un avión necesita alcanzar una determinada velocidad para poder despegar y levantar el vuelo.

Al surgir Bitcoin en 2009, y dado el número reducido de transacciones y la poca competencia entre unos cuantos mineros, era posible para un gambusino individual con una PC común minar unos 200 bitcoins en una semana. En 2016, con esa misma capacidad de cómputo, minar un solo bitcoin tardaría casi cien años, debido a que el número de usuarios y transacciones ha crecido exponencialmente, elevando la dificultad de encriptar operaciones.

La recompensa inicial atrajo a un mayor número de mineros, elevando la competencia y disminuyendo progresivamente la rentabilidad del proceso, a pesar de que el valor del bitcoin ha aumentado de unos pocos centavos de dólar a más de mil dólares en ocho años.

El costo de operación de un minero incluye el valor y la depreciación acelerada del equipo especializado para la minería, y el costo de la energía eléctrica necesaria para operarlo continuamente.

La potencia de los equipos de cómputo necesaria para la minería ha crecido en proporción a la dificultad del proceso. Se mide en in MH/s (Mega hashes por segundo), GH/s (Giga hashes por segundo), TH/s (Tera hashes por segundo) y PH/s (Peta hashes por segundo).

Con el tiempo, la eficiencia del proceso de minería fue más tardado y costoso, resultando menos atractivo para mineros individuales. Hoy es una industria especializada que resulta lucrativa solo para consorcios de mineros y corporaciones que cuentan con la capacidad para financiar y operar equipos especializados muy potentes basados en Circuitos Integrados para Aplicaciones Específicas, ASIC, por sus siglas en inglés, que operan en países donde el costo de la energía eléctrica es bajo.

A medida que crece el número de usuarios y bitcoins en circulación, las demandas de capacidad de cómputo se incrementan drásticamente. La sobresaturación representa probablemente una de las mayores limitantes para su pleno desarrollo.

La amplitud y complejidad del proceso plantean problemas técnicos a solucionar que hoy limitan su aplicabilidad, tales como los métodos para la restricción eficaz de la longitud máxima de una cadena, a fin de evitar el crecimiento explosivo de las bases de datos y el costo exponencial que supone, en capacidad de cómputo, transmisión y almacenaje de datos, y en consumo de energía, al diversificarse sus aplicaciones y ampliarse el número de usuarios.

Hay diversas respuesta alternativas para agilizar este proceso, pero aun no se ha establecido definitivamente un método generalmente aceptado para resolverlo.

¿Cuánto vale un bitcoin?

El valor de un bitcoin en el mercado puede variar, como cualquier divisa, y ha variado espectacularmente en los años recientes. Como cualquier activo está sujeto a la oferta y a la demanda y vale simplemente lo que la gente esté dispuesta a pagar por él.

El 19 de julio de 2010, un bitcoin valía **$0.06** seis centavos de dólar, y un dólar valía $12.66 pesos mexicanos; el 27 de febrero de 2017, el bitcoin se cotizó en **$1,244.61** USD y un dólar valía $20.44 pesos.

Fecha	USD por Bitcoin	Pesos Mex por USD	Pesos Mex por Bitcoin
19 julio, 2010	$0.06	$12.66	$0.76
27 febrero, 2017	$1,244.61	$20.44	$25,439.83
6 años, 7 meses			
Incremento: Veces	20,744	1.61	33,495

En seis años y siete meses, desde su primera oferta pública en julio 2010, hasta febrero 2017, el valor de bitcoin se multiplicó más de 20 mil veces en dólares y más de 33 mil veces en pesos mexicanos.

Esta inusitada revaluación se explica en términos del gradual reconocimiento público a la tecnología que lo creó y a su creciente aceptación y demanda en un mercado mundial.

No obstante la incertidumbre inicial debida a su novedad, el desconocimiento público de sus fundamentos y operación, las dudas sobre su convertibilidad y liquidez, los riesgos de posible fracaso y de fallas probables en el código de operación, el natural escepticismo que lo rodea, su relativa falta de aceptación generalizada como medio de pago, la ausencia de regulación y legislación formales, el hecho insólito es que en ocho años el bitcoin ha logrado superar gradualmente estos obstáculos y ha demostrado ser una inversión altamente productiva para los inversionistas iniciales.

El 2 de marzo de 2017, el bitcoin alcanzó un valor record histórico de $1,290.79, y a pesar de sus fluctuaciones relativamente amplias, la tendencia general de largo plazo ha continuado al alza.

Equivalencias monetarias

Bitcoins y Satoshis

A diferencia de cualquier otra moneda, el diseño de Bitcoin incorpora una característica asaz peculiar: un bitcoin se subdivide en unidades o fracciones muy pequeñas denominadas *satoshis* (SAT, por Satoshi Nakamoto, el inventor de Bitcoin).

Un bitcoin equivale a cien millones de satoshis:

1.00 BTC = 100,000,000 satoshis (1.0E+08 SAT).

1.00 SAT = 1/100,000,000 BTC

1.00 SAT = 1.00 hectomicrobitcoin = 1.0E-08 BTC.

Un satoshi es igual a una cienmillonésima de bitcoin.

Bitcoin – US Dólar - Peso Mexicano

La siguiente tabla facilita el cálculo de valores equivalentes entre bitcoin, dólares y pesos, para dar una idea de las proporciones de magnitud de las microsubunidades.

Suponiendo valores paritarios de $1,250 USD por bitcoin y de $20 pesos mexicanos por dólar, un bitcoin vale $25 mil pesos mexicanos, un dólar vale 80 mil satoshis, y un peso vale 4 mil satoshis.

	Bitcoin	Dólar	Satoshi	Peso Mex
	BTC	USD	SAT	MXN
BTC	1.00	**$1,250**	100,000,000	$25,000
USD	8.00E-04	1.00	80,000	**$20.00**
SAT	1.00E-08	1.25E-05	1.00	2.50E-04
MXN	4.00E-05	5.00E-02	4,000	1.00

Microsubunidades

Bitcoin opera en un ambiente de "microtecnología monetaria" que permite hacer pagos diminutos, tan pequeños como un satoshi, que vale una cienmillonésima de bitcoin.

Este fraccionamiento casi infinitesimal del bitcoin tiene un sentido práctico ya que facilita los micropagos, de millonésimas de bitcoin, que son imposibles con las monedas y los sistemas bancarios y financieros actuales.

El costo real de una transferencia minúscula de satoshis es despreciable: muy pequeño, o casi cero. El cálculo y conversión de subunidades es sencillo; lo efectúa una computadora sin intervención humana, con un solo clic.

Y el manejo contable sencillo, eficiente y certero de cantidades muy pequeñas de dinero abre posibilidades de aplicación en una amplia e interesante variedad de negocios y funciones comerciales, financieras y económicas.

Micropagos

Consideremos el siguiente ejemplo, la transferencia internacional de una modesta cantidad de dinero: hoy, más allá de todos los avances de Internet, resulta prácticamente imposible enviar un donativo de diez o veinte pesos mexicanos desde Tepoztlán, Morelos a una obra de beneficencia en Nairobi, Kenia. El costo de las tarifas y comisiones, el papeleo y la complejidad del proceso habitual para contratar cualquier servicio bancario tradicional de transferencia monetaria internacional resulta prohibitivo.

La tediosa, difícil y tardada convertibilidad monetaria de pesos a dólares, de dólares a euros o libras, y de estos a chelines kenianos, a través de tres o más bancos distintos, con formatos y requisitos dispares y abstrusos, hacen totalmente inviable una operación así.

Cada banco cobra una comisión de servicio y un diferencial de arbitraje en la compraventa de divisas, y así, el costo de la transferencia resulta finalmente mucho mayor que el propio valor a transferir. Pero con la tecnología actual de bitcoin ya disponible sí es posible hacer una transferencia electrónica directa e inmediata de unos cuantos satoshis al beneficiario, a un costo muy reducido. La conversión es mucho más directa: de pesos a bitcoin y de bitcoin a chelines kenianos.

La aplicación de micropagos fraccionarios y exactos puede extenderse a la simplificación precisa en la compraventa de artículos y servicios de muy bajo valor individual para millones de usuarios en el comercio cotidiano: puedo comprar un solo huevo, y no un paquete de una docena; no necesito cargar un pesado monedero con *morralla*, ni suficientes billetes de baja denominación para pagar un taxi, o un refresco o un paquete de dulces en un pequeño comercio, ni esperar que el comerciante tenga suficiente cambio: simplemente pago con un clic de mi *smartphone* la cantidad exacta de satoshis.

Hoy, esta forma de operar puede parecer ciencia ficción, pero cada día se extiende más entre un público ordinario, y tarde o temprano será una realidad habitual, en la medida en que se vaya adoptando masivamente.

Crowdfunding

El *crowdfunding*, o financiamiento público de nuevos proyectos artísticos, empresariales o tecnológicos, o de causas filantrópicas, es una modalidad de procuración de fondos abierta al público general que se ha popularizado a partir de las nuevas plataformas internéticas: se publica la intención de llevar a cabo un proyecto, se exponen sus virtudes, y se solicita al público que contribuya fondos, ya sea como donativo gratuito a fondo perdido, o como una inversión especulativa, que puede ser de alto riesgo y alto rendimiento.

Mediante los micropagos de tipo Bitcoin esta modalidad de procuración de fondos abierta al público mundial permite canalizar pequeños donativos o inversiones potencialmente productivas directamente de los inversionistas o donantes a los beneficiarios sin pagar la comisión de un intermediario ni sus consecuentes interferencias en el proceso de un diálogo directo entre inversionistas y empresarios.

Propiedad intelectual

Los micropagos pueden aplicarse a nuevas modalidades en la compraventa de derechos de propiedad intelectual y acceso a contenidos. Por ejemplo: el diario New York Times me puede cobrar unos cuántos satoshis por leer un artículo o una sección, o por leer una hora, o por cada vez que me envíen una alerta sobre un tópico noticioso de mi interés publicado en la red.

Actualmente eso es inviable: o te suscribes a todo el periódico por tres o seis meses, o no tienes acceso; o bien te tienen que dar acceso gratuito y el diario no gana nada. Los micropagos o nanopagos permiten el acceso selectivo a contenidos en la medida exacta de las necesidades individuales. Así, las cuotas fijas categóricas o "unitalla" usuales (que son medidas crudas) se sustituyen por cuotas variables y personalizadas, que se fijan en función exacta y justa del consumo, del usuario y del mercader.

Otro ejemplo: una visita virtual guiada por un célebre especialista al website de una nueva exposición de arte de la National Gallery me costará digamos 8,000 satoshis (unos dos pesos mexicanos); puedo asistir a un concierto o a la ópera en vivo, o a una conferencia de un premio Nobel, y a otros contenidos selectos o especializados no disponibles para el público general, por muy poco dinero. Estos pagos estimulan y alientan la difusión de contenidos de alta calidad.

Con bitcoin podemos pagar y cobrar por tener acceso justo a contenidos, y con ello se resuelve el principal dilema de la economía internética, la propiedad intelectual y la piratería: los contenidos tienen un alto costo de producción y un costo prácticamente gratuito de distribución; son difíciles de producir y fáciles de copiar, robar o reproducir. Star Wars costó $13 MUSD, pero un traficante pirata la copia en un CD por $5 pesos y la vende en $20 en la calle.

En síntesis: mediante el uso de Bitcoin, la economía de la propiedad intelectual tiende a un equilibrio justo y exacto de oferta y demanda. En la medida en que un contenido (texto, película o fotografía) sea más valioso para el público y tenga mayor demanda, aquellos usuarios (que tengan una cartera Bitcoin) podrán comprar acceso por una pequeña cantidad de dinero. Así se combate la reventa ilegítima y los propietarios reciben un pago justo. Parece probable que esta aplicación tenderá a generalizarse.

Publicidad y mercadotecnia

La publicidad también experimentará una revolución: puedo pagar automáticamente unos pocos satoshis por eliminar y no tener que leer anuncios molestos y *banners* que invaden mi pantalla, o bien puedo cobrar unos cuantos satoshis por admitirlos. Eso disminuirá el molesto *spam* que plaga actualmente el tráfico internético: el anunciante pagará una pequeña cuota en satoshis a un cliente potencial a cambio de que acepte su anuncio en la pantalla, y en su caso, lo lea. Y el lector ganará pequeñas cantidades por recibir mensajes publicitarios.

Estos micropagos pueden realizarse fácilmente a través de "contratos inteligentes", *smart contracts* que se operan automáticamente para cada transacción una vez que el usuario acepta inicialmente las condiciones pactadas: si me suscribo al periódico Reforma y acepto las tarifas nominales, cada vez que lo consulte, su red Blockchain me cargará X satoshis automáticamente y los abonará al periódico. Si no lo consulto, no pago nada.

La implicación consecuente de este sistema es que favorece un equilibrio mucho más preciso, casi perfecto, entre la oferta y la demanda de los servicios publicitarios y de información de Internet ya que no se desperdician inútilmente recursos de transferencia de información, se ahorra en tiempo, espacio de pantalla y capacidad de ancho de banda.

Las posibilidades de aplicar esta plataforma en la mercadotecnia son innumerables, tan grandes como la imaginación de los especialistas; Blockchain es un "Rorschach".

Inversiones: Participación accionaria fragmentaria

Blockchain permite la inversión fraccionaria con un ROI o Retorno de Inversión con pago inmediato, dividido automáticamente entre los inversionistas.

Por ejemplo: puedo comprar *online* una pequeña fracción (que puede ser incluso variable y voluntaria) de la propiedad de un local comercial, o de un Uber u otro auto que se renta, y cada mes, o incluso tras cada operación individual de renta, un *smart contract* o contrato automatizado me abonará directa e inmediatamente la proporción de rendimientos que me corresponde de acuerdo con el monto de mi inversión.

Las posibilidades de inversión y financiamiento se agilizan, facilitan, socializan y democratizan amplia y drásticamente. Se estimula el flujo de crédito de pequeños inversionistas hacia nuevas actividades productivas, se dispersa el riesgo en la sociedad, hacia múltiples formas de microfinanciamiento y se agiliza la asignación de recursos al transferir el beneficio de la utilidad o comisión directamente a los inversionistas, sin necesidad de un intermediario financiero central.

Ventajas de bitcoin como divisa fiduciaria digital

1. Confianza

La plataforma permite confiar en la autenticidad de una operación. El sistema Blockchain me asegura que quien me está pagando tiene los fondos necesarios, que su pago es firme, seguro e irreversible, y que se acredita efectivamente a mi favor.

Se elimina la incertidumbre del doble pago: un bitcoin tiene un solo dueño y solo puede usarse para un solo pago. Cuando un bitcoin entra en mi cartera electrónica, ya es mío y es intocable; solo yo lo puedo transferir a otro. Nadie más tiene acceso a mi dinero.

La seguridad del sistema deriva de su forma de operación, de la infraestructura que lo sustenta y de los algoritmos matemáticos de criptografía que lo operan, y no de la garantía de una institución intermediaria ni de un grupo humano falible. Es una divisa pura y esencialmente fiduciaria.

2. Registro inmutable

Una oferta central de valor de Blockchain es la inmutabilidad del registro de una transacción. Su memoria garantiza la preservación permanente de la integridad de la información.

Todas las operaciones son indelebles, queda constancia de quiénes y cuándo las efectuaron. Es un registro general y abierto cuya permanencia está garantizada.

Nada se borra, ni se puede alterar. Cada operación queda "grabada en piedra criptográfica". Es una memoria histórica precisa de todas las operaciones.

3. Costo

El costo operativo de una transferencia es insignificante. Es una operación directa e instantánea; no atraviesa por un intermediario, y tiene un costo marginal muy bajo. No hay costos de *back office* derivados de infraestructura física ni de intervención humana. Blockchain no necesita pagar los altos costos de personal, infraestructura e instalaciones de los grandes bancos, por ejemplo.

En vez de pagar un 5.0 ó 6.0 por ciento en una operación por tarjeta de crédito, con bitcoin se pagará alrededor de 0.2%, 0.5% o aun menos, dependiendo del contexto, del tipo de transacción operada y de las condiciones establecidas entre las partes.

4. Eficiencia

La transferencia de valor es rápida, precisa y segura. El sistema es operado simultáneamente por miles de usuarios, cuyos datos deben coincidir en cada momento, y facilita los pagos directos de persona a persona, sin intermediarios, de una manera rápida, segura y económica.

Por ejemplo, un pago internacional de Tepoztlán a Yokohama, que normalmente tarda varios días a través de varios bancos corresponsales intermediarios, se lleva a cabo directamente en pocos minutos a través una red Blockchain.

5. Desempeño eficaz en el servicio a usuarios

Blockchain satisface fácilmente las necesidades básicas de todos los usuarios:

a) Transferencias: pagar y recibir dinero rápida, económica y seguramente.
b) Resguardo. Guardar dinero con certeza.

6. Inclusión social

Cualquier persona puede *bancarizarse* y obtener una "identidad financiera" mundial. Mucha más gente puede participar; cualquiera puede operar bitcoins con una cartera digital desde un teléfono, un iPad o una PC.

Millones de personas que no cuentan con los servicios bancarios básicos (custodia, pago y cobro), ni pueden obtener una cuenta en una institución bancaria estándar, pueden utilizarlos muy fácilmente, de manera segura, y a muy bajo costo.

De 120 M de habitantes en México, solo 40 M tienen acceso a algún servicio financiero formal (cuenta bancaria, tarjeta de crédito o débito), pero 80 M o más tienen un teléfono celular. El impacto social es masivo y tiene un enorme potencial.

Ericsson pronostica que en 2020 las suscripciones mundiales de smartphones alcanzarán 6,100 millones (70% de los habitantes del planeta) y el 90% estarán cubiertos por redes móviles de banda ancha.

7. Confidencialidad
Identidad protegida, separada de la transacción

Blockchain usa una firma digital activada por una clave privada o código secreto usado por quien hace la transacción. El usuario no es anónimo, pero aparece con un seudónimo que no está asociado a su información personal (tal como su nombre, su dirección, su email o su teléfono), como sucede con las tarjetas de crédito al hacer compras o efectuar operaciones financieras.

Esta separación de datos garantiza confidencialidad y seguridad de los datos personales y al impedir la identificación directa del usuario elimina el incentivo para que los *hackers* puedan robar información para cometer delitos.

8. Transparencia

Los registros de todas las transacciones están en un libro abierto a la vista de todos y son inalterables. La transparencia garantiza la seguridad.

9. Reducción o eliminación de riesgos comerciales
    a) Sustracción de fondos.
    b) Fraudes y duplicidad de pagos.
    c) Error en la operación y/o registro de la transacción.
    d) Costo de manejo de controversias en caso de insolvencia.
    e) Insolvencia en pagos.
    f) Robo de identidad y mal uso de datos personales.

10. Legitimidad

Las transacciones son transparentes y están sujetas a reglas precisas, claras e ineludibles; previene y evita riesgos de exposición a fraudes y delitos. No hay discrecionalidad humana. Permite rastrear cualquier operación para comprobar que realmente existió.

11. Inmunidad a la inflación

Por su carácter mundial y ubicuo, Bitcoin no está sujeto a fuerzas económicas locales o nacionales que afectan los precios nacionales o regionales, aunque su valor en pesos y dólares sí cambie con la oferta y la demanda, y su equivalencia con el dólar y otras divisas sí esté determinada por los mercados nacionales.

12. Sustentabilidad

El sistema es sustentable. Las comisiones que se pagan a los mineros que validan una operación provienen de la emisión de bitcoins de reserva que el propio sistema pone en circulación automáticamente. El sistema de ingresos y egresos opera autónomamente y se equilibra contablemente por tarifas de oferta y demanda. Es lucrativo para todos: para quien paga, para quien cobra y para quien valida la operación.

13. Independencia

Bitcoin es independiente. No está sujeto al control directo de una institución o gobierno central. Es una red autónoma independiente controlada solamente por los usuarios para su propio beneficio.

14. Potencial de nuevos negocios

Las aplicaciones potenciales a muy diversos propósitos abren la posibilidad de crear nuevos modelos de negocios en distintos ámbitos económicos, políticos y sociales.

Es un conjunto de tecnologías versátiles, potencialmente compatibles, que permite innovaciones en una variedad de nuevos conceptos de negocios: sistemas de control de pagos, de créditos y adeudos, emisión accionaria, estructuración de consorcios de inversión, colaboración con instituciones reguladoras nacionales e internacionales, etc.

Factores de aceptación de Bitcoin

Hay diversos factores positivos y negativos que afectan la aceptación y la volatilidad del valor del bitcoin respecto al dólar y otras divisas en el mercado abierto. En ocho años, el bitcoin ha experimentado variaciones de valor del orden de 1.0 a más de 20,000. Su precio refleja una relativa volatilidad y un factor de riesgo que limita su aceptabilidad y su convertibilidad como divisa de uso corriente entre aquellos usuarios o inversionistas más conservadores.

En primer lugar, la volatilidad se explica por la incertidumbre derivada de su condición de criptodivisa virtual relativamente nueva respaldada solamente por un valor fiduciario, puramente internético, fundamentado en el número de usuarios que lo aceptan, lo compran y lo venden bajo las reglas comunes de su operatividad y convertibilidad, y en la confianza que esas reglas les merecen.

No hay una institución central, ni un gobierno, ni oro ni dólares que lo respalden. Sólo existe digitalmente en una red virtual autónoma y su respaldo es una tecnología precisa, ágil y eficiente aceptada por los usuarios, que aun no cuenta con suficientes precedentes ni respaldos legales comunes, mundialmente aceptados, en la operación de sistemas digitales de divisas virtuales.

En la medida en que su liquidez, convertibilidad y equivalencias sean más amplias el bitcoin ganará aceptación y legitimidad, y su cotización en el mercado probablemente tenderá a estabilizarse.

Pueden identificarse diversos factores generales que han afectado el valor del bitcoin en el mercado.

1. Liquidez de la divisa

Fácil e inmediata convertibilidad de bitcoins a pesos y dólares, y otras divisas. El arbitraje de bitcoins en casas de cambio especializadas en la compraventa de divisas tiende a ampliarse y es una aplicación indispensable para la divulgación de Bitcoin. En México ya existen operadores que ofrecen apertura de carteras, asesoría básica y compraventa BTC – MXP.

2. Adopción pública de la divisa

La difusión amplia y sistemática de aplicaciones para su utilización regular como medio de pago.

La adopción es piramidal: si más personas lo usan, más lo usarán, pero se requiere una masa crítica mínima de usuarios para alcanzar un punto de inflexión que masifique la aplicación en grupos amplios de población.

La mayor aceptación de bitcoin como medio de pago en comercios de menudeo y en websites de compraventa pública ampliará su aceptación entre el público medio. Las normas de adopción pública deben buscar una complementación y compatibilidad legal con la regulación y las instituciones establecidas. En 2017 más de 100 mil establecimientos comerciales y empresas en el mundo – incluyendo eBay y Amazon - ya aceptan diversas modalidades de pago con bitcoins.

En el mundo existen ya más de mil ATMs (cajeros automáticos) que intercambian bitcoins por dólares o divisas locales, y la tasa media de nuevas instalaciones de ATMs en 2017 se estima en más de dos máquinas por día.

3. Sencillez de la operación

La facilidad para obtener una cartera digital, para comprar y vender, para cobrar y pagar, y para almacenar dinero y riqueza de manera segura, y la simplicidad de pagos con *smartphones* y códigos digitales, es una condición necesaria para que un público amplio con educación media o baja pueda adoptar el uso de la divisa digital. La amplitud del mercado y sus rendimientos potenciales han motivado a cientos de empresas y plataformas internéticas en todo el mundo a trabajar activamente en aplicaciones que modifican las costumbres establecidas y aceleran la tasa de adopción.

4. Prácticas comúnmente aceptadas de negocios

Las prácticas habituales de negocios inciden en la aceptación de cualquier criptodivisa, ya sea bitcoin o cualquiera de las más de 700 criptodivisas públicas y privadas que ya operan en el mundo.

5. Legislación nacional e internacional

La normatividad y regulación aplicable a las actividades empresariales, comerciales y financieras relacionadas. Entre ellas:
- Estatus legal de bitcoin como activo contable y financiero.
- Anonimidad y pseudonimidad de usuarios y operadores.
- Regulación profesional. Licencias de operación.
- Regulación mercantil de pagos.
- Régimen fiscal, doble tributación internacional. Evasión.
- Protección de inversionistas.
- Mecanismos técnicos para promover y regular entidades descentralizadas autónomas gobernadas por consenso.
- Combate a la delincuencia organizada. Etc.

6. Estabilidad del precio de la criptodivisa

La magnitud de las fluctuaciones de cotización cambiaria en la convertibilidad y las tendencias de paridad esperadas a mediano y largo plazo están sujetas a múltiples factores, pero el hecho real es que el precio de bitcoin en dólares en el mercado mundial ha aumentado de unos cuántos centavos a más de $1,200 USD en menos de ocho años.

7. Confidencialidad y seguridad

Desde su origen, el desarrollo de aplicaciones Blockchain tiende a garantizar con mayor seguridad que la normatividad y el uso social de Bitcoin facilita su operación legal y productiva, a través de desalentar y combatir su uso fraudulento, y de preservar la confidencialidad indispensable y el anonimato de la información personal de los usuarios legítimos, y proteger sus bienes.

8. Identidad, anonimato y pseudonimato

La confidencialidad puede verse como una carencia limitante, como un requisito o como una ventaja de Bitcoin. Para que sea aceptada ampliamente, una criptodivisa debe garantizar confidencialidad; es una de sus características más deseables para el usuario, que no está reñida con la transparencia de las transacciones, también una premisa clave sobre las que opera esta plataforma.

Pero la confidencialidad no significa anonimato, y el usuario de Bitcoin no es anónimo, sino pseudónimo. Al contener un registro indeleble de todas las transacciones operadas, Bitcoin permite en principio rastrear la propiedad de todos los bitcoins, y por ello, se argumenta que el uso de Blockchain para actividades criminales o terroristas es inadecuado, ya que el delito es combatible por el gobierno, que puede seguir la pista de operaciones en la trayectoria del dinero a través de los registros originales de clientes usuarios que requieren las casas de cambio al abrir una cuenta. Bitcoin ofrece un libro contable abierto totalmente verificable, y esto representa una ventaja para la seguridad y hace su adopción menos amenazadora para usuarios, empresas y gobiernos, y más difícil para los delincuentes.

El gobierno es técnicamente incapaz de detener el desarrollo de redes internacionales descentralizadas de Bitcoin y otras criptodivisas, pero sí puede reglamentar, desconocer, deslegitimar, obstaculizar o incluso prohibir y sancionar su uso por parte de las empresas. También puede aprobarlo, facilitarlo y orientarlo en determinados ámbitos y aplicaciones.

La hostilidad o falta de apoyo gubernamental al uso de criptodivisas digitales es un obstáculo para que las empresas adopten amplia, abierta y legalmente el bitcoin y lo acepten como medio de pago. Por otro lado, el apoyo pleno de las autoridades, como ha ocurrido en los estados de California y Delaware en EUA, o en Dubái, puede hacer que Bitcoin prospere y se fortalezca como una herramienta útil de gestión pública y empresarial.

Las empresas distribuidoras de bitcoin, que operan como casas de cambio en la distribución y compraventa de bitcoin pueden estar sujetas a una normatividad que garantice su legalidad y su eficiencia. La regulación precisa de las condiciones de confidencialidad, identidad y anonimato será un factor decisivo para ampliar su aceptación pública.

9. Delincuencia organizada

Un factor negativo que afectó el valor monetario del bitcoin a la baja fue su uso y aprovechamiento por la delincuencia organizada en transacciones de la "Internet negra", la zona oscura o *"Dark Internet"*, la red de acceso privado, invisible e inaccesible para el público general, que efectúa cobros y pagos, y transferencias efectivas de valor derivadas de operaciones ilegales o criminales en la red. Real o supuesto, probable o exagerado, el uso delincuencial de bitcoin permanece en buena medida incierto, pero demanda atención cuidadosa.

La *"Silk Road"*, la región oscura del Internet utilizada por el crimen organizado para la compraventa online de drogas, armas y dinero "negro", para blanquearlo o lavarlo en la economía formal, ha vulnerado el valor y la viabilidad del bitcoin como criptodivisa válida en la economía formal "blanca".

El caso más conocido fue el del joven Ross William Ulbricht (n. 1984) que creó y operó el website *Silk Road* bajo el seudónimo *"Dread Pirate Roberts"*. Fue condenado a prisión vitalicia en febrero 2015 bajo cargos de lavado de dinero, *hacking*, conspiración en tráfico de narcóticos y de documentos de identidad fraudulentos.

Estos factores delincuenciales presionaron a la baja la cotización del bitcoin en el mercado abierto al reducir su aceptabilidad en función de un riesgo percibido legítimamente por el mercado y por las autoridades reguladoras. El usuario legítimo normal evita el riesgo de que su moneda sea también de uso corriente entre la delincuencia; una moneda que se use en el mercado negro asociado a la ilegalidad presenta riesgos que atentan contra el valor de una inversión legítima.

Estos temores difundidos a veces por la prensa sensacionalista y la imaginación popular, provienen del relativo desconocimiento de la tecnología Blockchain por parte del público no especializado. Es inexacto afirmar que Bitcoin favorece *per se* la delincuencia o el terrorismo al permitir que criminales transfieran y laven dinero anónima e impunemente. Todas las transacciones efectuadas con bitcoin en Internet están grabadas en un registro permanente e inalterable, visible para todos los participantes.

Como sucede con el email, los operadores son pseudónimos, pero no anónimos, y su identidad puede detectarse a través de las casas de cambio establecidas que generalmente registran los datos de un cliente-usuario al abrirle una cuenta y venderle una cartera Bitcoin. Así, para un investigador criminalista es más fácil identificar y seguir la pista de una transferencia sospechosa de bitcoins que de un billete o una moneda de oro.

10. Donativos filantrópicos

Por otra parte, las organizaciones de la sociedad civil, OSCs, tales como las fundaciones filantrópicas y humanitarias, comenzaron a aceptar bitcoins como donativos, para ser aplicados en labores humanitarias y "limpias". Wikileaks comenzó a aceptar donativos en bitcoin en junio de 2011.

Si una OSC capta fondos en bitcoins y los aplica en causas beneficencia, (por ejemplo, comprar alimentos básicos para niños pobres o víctimas de desastres) los bitcoins adquieren una cierta "legalidad", que tiende a asegurar su valor en el mercado "blanco".

En síntesis, el combate institucional a la "Internet Negra" por parte de agencias de gobierno, y el favorecimiento de su uso filantrópico han contribuido a fortalecer la demanda, el valor y la aceptabilidad de Bitcoin entre un número creciente de inversionistas y usuarios "normales" y "legales".

Aplicaciones de Blockchain

Aplicaciones generales

La plataforma Blockchain consiste en la infraestructura y las nuevas tecnologías internéticas (hardware+software) que hacen posible el proceso general de almacenar, clasificar, recuperar, copiar, filtrar, analizar, consultar, transmitir, recibir y asegurar información y valores dentro de una red pública; como plataforma o infraestructura abierta de aplicación general permite operar y almacenar muy diferentes tipos de transacciones y activos.

La tecnología Blockchain, en su sentido más amplio, reduce drásticamente, o prácticamente elimina, la incertidumbre y el riesgo en las transacciones y así promete transformar el sistema económico de una manera radical. Es una máquina de la verdad: una transacción que se opera es confiable, cierta y definitiva.

Blockchain es susceptible de aplicarse en diversos ámbitos ajenos a las divisas y los valores monetarios. Bitcoin es una de sus aplicaciones más visibles, "la punta del iceberg", pero es solamente una de muchas posibilidades y puede emplearse también para certificar la autenticidad de cualesquiera otros valores, monetarios o no monetarios. De ahí deriva su importancia como una tecnología disruptiva de carácter general.

Las nuevas aplicaciones específicas de Blockchain están siendo exploradas por una diversidad de industrias e instituciones para distintos fines.

Las aplicaciones son difíciles de implantar, porque la tecnología internética es compleja, altamente especializada y diversa, y para ser funcional en el ciberespacio necesita ser ubicua, estar ampliamente socializada y ser conocida, compartida y adoptada por una masa crítica de usuarios.

Esto requiere de considerables desarrollos, infraestructura e inversiones. Pero la tecnología es susceptible de aplicarse y aprovecharse en diversos procesos, y su utilización se justifica por los enormes ahorros y los incrementos de eficiencia que puede generar.

Una plataforma Blockchain permite almacenar, custodiar, transferir, y regular el acceso a muy distintos tipos de activos, incluyendo registros de información personal valiosa (datos como nombre, fecha de nacimiento, RFC, domicilio, escolaridad, CURP, etc), en forma segura y prácticamente imposible de ser alterada o falsificada, y bajo control exclusivo de su propietario.

Por compleja y especializada que sea esta tecnología, ya existen actualmente las herramientas necesarias para permitir la diversificación de sus aplicaciones en múltiples ámbitos; es inevitable y tiende a acelerarse porque su finalidad esencial y los resultados que persigue son de interés general: reducir objetivamente el riesgo y la incertidumbre mediante una "máquina de la verdad".

Certificación de propiedad

Un bitcoin representa una unidad monetaria: tiene un valor de cambio específico, acordado y definido en sus equivalencias de intercambio con las principales divisas internacionales.

Pero la tecnología Blockchain también permite aprovechar el valor de uso del bitcoin, como un valor virtual, *token*, medida abstracta de valor o unidad de cuenta para representar la propiedad de cualquier otro bien: un título de propiedad inmobiliaria, una acción de una empresa, cualquier título de crédito, un automóvil, una obra de arte o una joya, etc.

La estructura de registro Blockchain permite identificar objetos individuales (divisas monetarias o cualquier otro activo) al asignarles propiedades o características inequívocas. El registro de resguardo de un bien determinado puede incluir todo tipo de documentación formal habitual o información fehaciente, tal como la factura original de un automóvil, su fotografía, la descripción minuciosa de sus características, un certificado original de autenticidad, el avalúo o título de propiedad de un inmueble, una acción bursátil, etc., y su principal objetivo es asegurar la identificación del propietario de ese bien y permitirle transferir la propiedad a un nuevo propietario, de manera transparente y segura.

Propiedad intelectual

Un registro Blockchain puede representar un valor determinado cualquiera, lo resguarda, lo certifica y adjudica su propiedad a una persona.

Ello incluye también el registro de valores de propiedad intelectual tales como fotografías, obras literarias, diseños, pinturas, esculturas, música., patentes y marcas, etc.

No hay límite a la cantidad de información que puede contener el registro. Puede incluirse el texto completo de una novela, por ejemplo; queda encriptado y no se puede modificar.

Su principal objetivo es asegurar la identificación del propietario y permitirle transferir la propiedad a un nuevo propietario, de manera transparente y segura, bajo un contexto de aceptación general por consenso de todos los usuarios de esa plataforma.

Redes públicas y redes privadas

La redes de carácter público tipo Blockchain son susceptibles de reproducirse y aplicarse en distintas versiones de carácter privado que restringen el acceso público, limitándolo únicamente a usuarios y agentes autorizados, para fines propios internos de las empresas o instituciones que la aplican.

Su aprovechamiento ofrece un potencial de negocios a empresas, instituciones o grupos privados que estará limitado solamente por la imaginación y creatividad de los innovadores, por la exploración y las inversiones en investigación y desarrollo.

Plataformas híbridas

Con Blockchain es posible desarrollar versiones alternativas de criptodivisas que, además de la función de pagos monetarios tipo Bitcoin también incluyan la posibilidad de incorporar "contratos inteligentes" (*smart contracts*) en su protocolo de pagos y contraprestaciones. Se conocen como plataformas híbridas.

Una plataforma híbrida no solo regula los pagos mediante transferencias ciertas de valores, también controla las condiciones bajo las cuales dichos pagos se llevarán a cabo, y las controla en forma automatizada, incorporando las reglas en la programación de la plataforma.

La combinación híbrida de micropagos y contratos inteligentes tiene un sinfín de aplicaciones potenciales en la simplificación de la cobranza periódica regular de una multitud de servicios, en el comercio, la publicidad y la mercadotecnia. La inversión mundial en tecnologías tipo Blockchain en plataformas híbridas crece a un ritmo mayor que en aplicaciones solamente monetarias.

Contratos inteligentes. Automatización y autonomía

Blockchain permite incorporar códigos que aseguren el cumplimiento automatizado de un contrato entre dos partes sin necesidad de un tercero intermediario o una autoridad (*an enforcer authority*) que vigile su aplicación, obligue a su cumplimiento o ejecute sanciones en caso de incumplimiento.

Por ejemplo, el pago definitivo de un artículo puede detenerse hasta en tanto no sea verificada y confirmada su entrega, y el cumplimiento de las condiciones que se establecieron con la plena conformidad del cliente.

Las plataformas híbridas de Blockchain – Bitcoin permiten integrar el proceso de pago de una transacción dentro de la operatividad del sistema, a través de contratos *"inteligentes"* (*"smart contracts"*), mediante los cuales puede verificarse, paso a paso, el cumplimiento de obligaciones en ciertas etapas sucesivas de la ejecución eficaz de un contrato.

Así, los cargos y abonos de una transacción monetaria de pago preprogramados lógicamente se asocian en cada etapa a una señal válida de cumplimiento o de aceptación, asignando automáticamente a cada paso una determinada prestación o contraprestación jurídica y monetaria a cambio.

Los contratos "inteligentes" autónomos o automatizados son capaces de responder a cambios de su entorno para establecer las condiciones óptimas de funcionamiento sin mediar una intervención humana discrecional, o tercero confiable, para operar con certeza, y sus efectos sobre las prácticas comerciales de anticipos, descuentos, reembolsos y devoluciones, por mencionar los más obvios, son decisivos.

La reglamentación y normatividad de los principios jurídicos que deberán regir este género de contratos es labor pendiente que queda a cargo de abogados y juristas, y formará parte de una nueva rama del futuro Derecho Internético.

Significa que una gran parte de la actividad económica humana puede estar garantizada (respaldada, o *collateralized*); al automatizar la supervisión y el condicionamiento de obligaciones garantizamos que efectivamente se lleve a cabo cumplimiento. Mediante una codificación reglamentada y autónoma, sistematizamos y automatizamos el movimiento de información confiable a un espacio internético de la actividad económica en donde fluye digitalmente con eficacia y redituabilidad, ajena al error humano y a la manipulación delincuencial.

Bengt Robert Holmström (n 1949), matemático y economista finlandés y Profesor de Economía 'Paul A. Samuelson' en el MIT, Massachusetts Institute of Technology, ha trabajado en la teoría de la contratación y los incentivos, especialmente en lo que se refiere a la teoría de la empresa, al gobierno corporativo y a los problemas de liquidez en las crisis financieras.

Es particularmente conocido por su trabajo sobre la 'Teoría principal-agente'. En 2016, recibió el Premio Nobel de Economía junto con Oliver Hart "por sus contribuciones a la teoría del contrato". Sus conclusiones son relevantes al establecimiento de contratos inteligentes en plataformas internéticas.

Recusación de transacciones

Algunos detractores de Blockchain argumentan que desde el punto de vista jurídico la irreversibilidad de las operaciones registradas representa una limitante del sistema en la medida en que las transacciones son irrecusables, evitando que un pago pueda deshacerse. Efectivamente, un pago registrado es definitivo, y el pagador no puede echarse para atrás, pero desde luego sí puede rectificar y efectuar un nuevo pago compensatorio si reconoce que hubo error deficitario en una transacción anterior.

El sistema en sí no previene ni impide los errores, ni la torpeza, descuido o estupidez de un usuario. Si en una transferencia incondicional pago 10 bitcoins en vez de 100 BTC y reconozco mi error, puedo transferir otros 90 BTC en una nueva transacción, pero el pago original de 10 BTC queda vigente.

Los contratos de minería de datos se ejecutan como "*smart contracts*" (contratos "inteligentes" automatizados) por parte del sistema; cada vez que un minero (un nodo participante registrado) encuentra, valida y registra un asiento contable en un bloque de operaciones, el sistema le abona una cantidad de bitcoins a su cuenta, sin intervención humana, y en forma irrecusable.

Aplicaciones financieras

Fintech

> *"Banking and Finance today are less about <u>money</u> and more about <u>information</u>".*
> *- Peter Drucker*

Se llama *Fintech* o Tecnología Financiera al sector de la industria integrado por empresas que aprovechan la innovación y los recursos tecnológicos disponibles para competir en el mercado financiero con las instituciones bancarias y empresas tradicionales establecidas como intermediarios en la oferta de servicios financieros.

Fintech abarca en conjunto una variedad de servicios bancarios y financieros entre los que se cuentan el otorgamiento de crédito directo entre prestamistas y prestatarios, empresas e individuos; la evaluación y calificación sistemática de riesgos crediticios, los medios de pago directos –nacionales e internacionales- entre empresas e individuos, incluyendo remesas de trabajadores migrantes; el *crowdfunding*, la gestión de contabilidad, facturación, ahorro, capital, inversiones etc. de las empresas; los seguros y fianzas; gestión de finanzas y patrimonio personales; arbitraje de criptodivisas; capacitación, asesoría y consultoría en desarrollo tecnológico, y otras.

Seguros y fianzas

El origen primordial del seguro proviene de la conciencia de nuestra fragilidad e incertidumbre frente al peligro. El seguro es la respuesta al temor humano ante el riesgo de la pérdida de un bien. Todo riesgo despierta una preocupación y un deseo de seguridad, y la finalidad esencial del seguro consiste precisamente en proteger contra el riesgo.

La seguridad no puede lograrse eliminando la posibilidad del suceso que se teme, un accidente, un incendio, inundación o sismo, la enfermedad o la muerte, sino únicamente con la certeza jurídica de que al ocurrir el hecho temido obtendremos un resarcimiento de los daños con el pago de un valor económico compensatorio que reemplace la pérdida del bien preciado ante un acontecimiento inevitable.

La Ley de Instituciones de Seguros y de Fianzas vigente en México, (DOF, 4 de abril de 2013) consta de más de 135 mil palabras; 510 artículos, con infinidad de incisos, subincisos y apartados, condiciones y requisitos.

La lectura, comprensión e interpretación de tal cúmulo abstruso de disposiciones, cláusulas, estipulaciones y condicionamientos de validez desafía a la comprensión de abogados especialistas, reguladores, actuarios, técnicos y empresarios del ramo. Su misma extensión y complejidad técnica dificultan la aplicación práctica de acciones que cumplan cabalmente con su fin, que es, en esencia, proteger contra la inseguridad, dar certeza ante el riesgo de un acontecimiento temido y atenuar las consecuencias indeseables de perder un valor o sufrir un daño.

Una buena parte de las disposiciones del legislador, de la vigilancia de las autoridades y la operación administrativa y contractual de las compañías de seguros está dirigida a la operación legítima de los seguros, a la prevención de fraudes y a la preservación de los intereses de aseguradores y asegurados en contra del abuso y la delincuencia a que se presta esta valiosa e indispensable industria.

Las características de seguridad y certeza objetiva de las plataformas Blockchain ofrecen herramienta potencialmente apropiadas para resolver los diversos problemas técnicos derivados de la necesidad de credibilidad y eficiencia que enfrentan las compañías aseguradoras y los asegurados.

El desarrollo de plataformas Blockchain específicas para seguros permite compartir información confiable y compatible para la gestión de pólizas entre aseguradores que emplean sistemas distintos con múltiples usuarios.

La homologación de los estándares de intercomunicación y de las bases de datos ciertas compartidas entre aseguradores independientes agiliza el contacto directo y la comunicación confiable entre aseguradores y asegurados y facilita el análisis y la ampliación del mercado de seguros. La incorporación de múltiples usuarios ofrece la posibilidad de dispersar riesgos, reducir costos y ampliar alternativas de financiamiento de fondos específicos de seguro y reaseguro.

Los contratos inteligentes en plataformas híbridas permiten agilizar los pagos de primas e indemnizaciones y ofrecer mejores estándares de servicio al cliente y mayor rentabilidad a las empresas aseguradoras.

La aplicación de contratos inteligentes en fianzas también ofrece una alternativa eficaz para asegurar el cumplimiento de obligaciones mediante la capacidad de incorporar una garantía implícita en el código de operación condicional de prestaciones y contraprestaciones.

El uso de tecnologías complementarias como la identificación biométrica, el análisis estadístico multivariado y el *big data mining* agiliza la operación cotidiana de la industria, facilita la prevención de fraudes y cobros dobles por alteración de identidad o simulación de siniestros, así como el desarrollo de modelos más precisos y competitivos de precios e individualización de pólizas que permitan cotizar coberturas ad hoc, en función de los riesgos individuales específicos de un asegurado, eliminando la necesidad de cuotas fijas categóricas o grupales "unitalla", y sustituyéndolas por cuotas variables personalizadas determinadas actuarialmente en función exacta de los factores de riesgo.

En síntesis, ante la disponibilidad de nuevas tecnologías seguras que permitan reducir el factor esencial de la incertidumbre y el riesgo en las operaciones de los aseguradores, el panorama de la legislación aplicable se altera fundamentalmente, tanto en materia de seguros como de fianzas.

Ello conduce a una conclusión fundamental: que ante los desarrollos tecnológicos disponibles actualmente será necesario, gradualmente, llevar a cabo una relectura crítica y revisión exhaustiva de la legislación vigente, teniendo a la vista el potencial de soluciones que ofrecen las NPTI, con el propósito de encontrar oportunidades para simplificar la aplicabilidad práctica de las normas reglamentarias, eliminar la intermediación burocrática y los altos costos de verificadores humanos, y facilitar la operatividad y la eficiencia del propósito esencial de los seguros y las fianzas: dar seguridad contra el riesgo.

Las compañías aseguradoras y de fianzas enfrentan el reto de encontrar fórmulas comerciales que minimicen el riesgo de que su papel como intermediarios financieros sea vulnerado por nuevas tecnologías disruptivas, particularmente en un ámbito de competencia cada vez más global.

Aplicaciones no monetarias

Participación ciudadana

La aplicación de la tecnología Blockchain, al ofrecer una seguridad técnica, confiable y fehacientemente registrada de un hecho, facilita diversas formas de participación ciudadana democrática, tales como plebiscitos, referendos, consultas e iniciativas ciudadanas, supervisión y control del gasto y la obra pública, rendición de cuentas y procesos de control del cumplimiento de mandatos específicos.

Los registros abiertos de transacciones (en este caso la emisión de un voto libre y autónomo) garantizan transparencia, disminuyen costos, aumentan la velocidad y la eficiencia de la operación y simplifican la síntesis, evaluación y reporte de resultados.

Las consultas rápidas, económicas y precisas a la ciudadanía facilitan potencialmente un gobierno mejor vinculado a las preferencias del electorado y a la gobernabilidad democrática.

Aplicaciones electorales

Psefología
La psefología, del griego $\psi\hat{\eta}\varphi o\varsigma$, psíphos = voto, es el estudio de los sistemas electorales.

Los sistemas de votación actuales, basados en boletas de papel, marcadas manualmente con un crayón, emitidas en una urna física y contadas a mano por humanos, una vez que se establezcan con tecnología Blockchain serán irremediablemente, tarde o temprano, un asunto del pasado; como las cartas escritas a mano y enviadas por correo postal.

La tecnología disponible hoy permitirá al elector votar directamente desde su teléfono móvil, iPad o PC desde su propia casa, en cualquier lugar del mundo, asegurando su identidad, encriptando su voto y eliminando así la posibilidad de un sufragio doble o falsificado. En algunas democracias avanzadas los sistemas de votación electrónica -*paperless*- ya se aplican con éxito comprobado: son evidentemente más rápidas, más precisas y más seguras.

Thealogía

Podemos denominar *thealogía* (del griego θέα, *théa* = opinión) al estudio sistemático de las opiniones.

Las encuestas de opinión (y por extensión, de las actitudes, creencias, conductas y características demográficas) de grandes grupos de población resultan más fácilmente aplicables, ampliando la democratización de un mayor número de decisiones sociales, al incrementar la eficiencia y reducir el costo de incluir y estudiar muestras más amplias, válidas y confiables de poblaciones ciudadanas, segmentadas en subgrupos variados para un mejor conocimiento de la sociedad.

En la era de la globalización internética la aplicación de tecnologías Blockchain a la *thealogía* también augura y tiende a una internacionalización, rebasando las actuales fronteras geográficas de los Estados para incluir eventualmente a los ciudadanos de varios países en el análisis y solución de problemas de interés regional o global, tales como la contaminación ambiental, el calentamiento global, la preservación del hábitat, el militarismo, el armamentismo, el narcotráfico, la trata de personas, y la preservación y tutela de los Derechos Humanos en general.

En el ámbito político y diplomático internacional México ha manifestado interés e impulsado iniciativas ciudadanas, legislativas y ejecutivas de vanguardia propicias al establecimiento de un eventual Sistema Parlamentario Mundial Ciudadano, que resulta viable con la aplicación de las tecnologías disponibles.

Nuevas formas de organización
    Sistemas de Operación por Consenso (SOCs),
    Procesos de Decisión Colectiva (PDCs) y
    Organizaciones Autónomas Descentralizadas (OADs)

No obstante el rápido ascenso de redes sociales organizadas como Gmail, Facebook, Twitter y Whatsapp y la investigación actual de sus características grupales, las ciencias que estudian el comportamiento y aprovechamiento de las plataformas de consenso apoyadas en los principios de Blockchain aun se encuentran en una etapa inicial. Las evidencias empíricas de su desarrollo son relativamente recientes, y sus aplicaciones potenciales continúan desarrollándose en una variedad de formas de organización social apoyadas en contratos inteligentes.

Sus implicaciones, requerimientos, modalidades de conducta, capacidades, riesgos y vulnerabilidades potenciales aun no han sido suficientemente estudiadas, ni comprendidas, ni aplicadas ampliamente por los métodos y las tecnologías disponibles. Es una disciplina en desarrollo, abierta a la investigación creativa y plantea innumerables retos y dudas pendientes de resolución.

A lo largo de los próximos años veremos un desarrollo gradual pero vigoroso de la investigación fundamental en estos campos del conocimiento científico de nuevas formas de organización (Sistemas de Operación por Consenso - SOCs, Procesos de Decisión Colectiva PDCs, Organizaciones Autónomas Descentralizadas OADs) y de sus aplicaciones tecnológicas innovadoras en ámbitos profesionales, empresariales y corporativos, económicos y financieros, comerciales y de negocios tanto en el sector privado, como en el sector público, en apoyo de una mayor eficiencia y mejor gobernabilidad.

Veremos gradualmente un mayor desarrollo de Organizaciones Autónomas Descentralizadas (OADs), cuyo estatus jurídico es aun impreciso, pero que serán probablemente más comunes en el futuro conforme se comprueben su utilidad y sus ventajas para cambiar gradualmente la estructura y el modo de operar de las organizaciones actuales en empresas, sindicatos, escuelas, universidades e institutos de investigación, organizaciones internacionales, partidos políticos, asociaciones civiles y otras instituciones.

Habrá ensayos, aciertos y errores, éxitos y fracasos, curvas de aprendizaje, pero el potencial de las NPTI para "operar por consenso, en grupos autónomos amplios, bajo reglas definidas, fijas e ineludibles" será aprovechado cada vez más como una de las ventajas potenciales de estas nuevas plataformas.

Certificados de propiedad inmobiliaria

La seguridad y confianza de la sociedad en los títulos de propiedad inmobiliaria y tenencia de la tierra (las "escrituras" notariales) son uno de los factores clave para aumentar y garantizar la seguridad de la propiedad patrimonial, la riqueza de la población y la eficiencia de las garantías colaterales en los sistemas crediticios.

Lamentablemente, uno de los mecanismos para desposeer y despojar a propietarios es la alteración fraudulenta de sus títulos de propiedad inmobiliaria, fuente de incertidumbre y de innumerables litigios civiles y penales, zozobra, burocracia e ineficiencia que merman el bienestar y la seguridad social.

La certificación de la autenticidad de la propiedad inmobiliaria es también una labor ingente de las instituciones crediticias, que requieren garantías y se apoyan en su veracidad para el otorgamiento de créditos hipotecarios.

La aplicación de tecnologías Blockchain ofrece una solución potencial eficiente a esta problemática.

Servicios de salud

Un expediente médico personal, único, confiable, confidencial y fácilmente accesible vía Internet es un valioso recurso de eficiencia para los sistemas de salud en clínicas, hospitales, aseguradoras.

Los médicos pueden consultar, emitir diagnósticos, recetas y ordenar estudios clínicos directamente en el "Blockchain personal" del paciente. Cada persona tiene acceso y control de su historial de salud personal completo, sin papeleos, seguramente resguardado, siempre disponible a la mano y puede, por ejemplo, recibir sus consultas médicas, tratamientos y medicinas con un solo código o clave personal encriptada en su teléfono, PC o dispositivo inalámbrico.

Las posibilidades de aplicación son amplias y promisorias, y de hecho ya se encuentran en proceso inicial de estudio en algunos hospitales de los EUA. Entre ellas se cuentan la prevención de falsificaciones en la identificación individual de pacientes, asegurados, médicos y otros proveedores de medicamentos y servicios clínicos complementarios.

Una ventaja adicional es el acceso sistemático de las instituciones de salud y los investigadores médicos a datos estadísticos impersonales sobre incidencia de enfermedades para identificar pandemias y otras tendencias de morbilidad y salud pública, y la reducción de costos de procesamiento de información administrativa y financiera derivados de transacciones hospitalarias y reclamos de seguros.

Prevención de ataques de rescate

Una de las ventajas potenciales evidentes del uso de Blockchain en los servicios de salud, y en otros ámbitos institucionales y de gobierno, es la prevención y el combate de un fenómeno burocrático muy común, llamado "ataques de rescate", que provienen de la dispersión de fuentes independientes e inconexas de datos necesarios, "oficiales" o "indispensables", y que conducen a la formación de monopolios cerrados de información.

De manera a veces ilegítima, individuos u organizaciones se adueñan de estas bases aisladas de datos, y atacan secuestrándolas y dificultando el acceso a los usuarios que las necesitan y que tienen derecho legítimo a utilizarlas. Así, los explotan poniendo diversas barreras artificiales al acceso y lucrando con ello de varias maneras, mediante pretextos de supuesta "confidencialidad", derechos de "privacía" y otras argucias más o menos sutiles y encubiertas de extorsión, exigiendo alguna forma de cobros o requisitos onerosos, para "hacer el favor" de permitir el "rescate" de la información necesaria: un documento, un permiso, un sello, una firma o un certificado a menudo superfluo o innecesario.

Las plataformas Blockchain, por ser una manera descentralizada, autónoma y encriptada para compartir, distribuir y almacenar información veraz, y hacerla accesible conforme a reglas precisas y equitativas, prometen ser un recurso eficaz para combatir ese exceso de permisos fingidos y requisitos burocráticos innecesarios que no crea riqueza alguna, pero entorpece las operaciones y crea puntos de fricción costosos en los procesos sociales; una maniobra predadora que exige y obtiene "algo" a cambio de "nada": inventa obstáculos y cobra por quitarlos.

El costo social de la ineficiencia, pérdida de tiempo y energía, generación de trámites inútiles y estorbosos es enorme, y las consecuencias de falta de acceso oportuno a información necesaria son graves y difíciles de cuantificar en cualquier país.

Otras aplicaciones

Existen probablemente cientos de nuevas aplicaciones eficientes de las "máquinas de la verdad". Aquí solo se listan algunas posibilidades.

Registros de población. Certificación de documentos civiles

Los registros públicos de documentos personales oficiales son un área de aplicación potencial de Blockchain para certificar información de interés público, y hacerla fácilmente accesible para los fines legítimos necesarios, e inaccesible para propósitos contrarios.

Entre sus posibles aplicaciones están:
- Certificados de estado civil
- Actas de nacimiento, matrimonio, divorcio y defunción.
- Testamentos públicos abiertos.
- Credenciales electorales (INE).
- Licencias de manejo de automotores y otra maquinaria.
- Pasaportes.
- Credenciales de afiliación institucional.
- Identificación de derechohabientes, Seguro Social.
- Cartilla de servicio militar.
- Constancias de trabajo.
- Pensiones de retiro, AFOREs.

Zonificación urbana y uso del suelo
- Regulación del uso del suelo.
- Registro público abierto de permisos de construcción.
- Permisos de operación mercantil.
- Distribución de servicios municipales.

Registro de vehículos
- Títulos de propiedad (facturas) de automóviles
  Cédulas de identificación vehicular
  Permisos de circulación
  Placas de identificación
- Constancias de funcionamiento, uso y aptitud
- Certificados de no contaminación ambiental ("Verificación")

Asuntos fiscales
- Recaudación de impuestos
Registro de créditos y débitos a contribuyentes
Constancias de situación fiscal
- Asignación presupuestaria y control de gasto federal.

Empresas
Gobernanza corporativa y administración
- Votación en Consejos de Administración
- Pagos de dividendos
- Contratos de trabajo y manejo de nómina
- Pago de sueldos y salarios, bonos y prestaciones
- Títulos de propiedad. Acciones. *IPOs.*
- Certificados de obligaciones.
- Registro de empleados. Antropometría.
- Autorización y control de acceso físico.
- Certificados de poderes (nombramientos, puestos, autoridad).
- Certificación, calificación y desarrollo de proveedores.
- Redes de distribución – almacenaje y tráfico de mercancías.
- Ventas y relaciones con distribuidores, agentes, clientes y consumidores.
- Contratos inteligentes / automatización de pagos. Etc.
- Cupones de descuento.
- Puntos de programas de lealtad (millas en aviación, etc).

Organizaciones sindicales
- Certificados de afiliación y beneficios.
- Pago de sueldos, prestaciones y cuotas sindicales.
- Certificados de capacidad y calificación laboral.
- Administración de contratos colectivos.

Centros educativos. Escuelas y universidades.
- Identificación de membresías. Credenciales digitales: Estudiante, profesor, ex alumno, empleado.
- Certificados de estudios. Calificaciones.
- Titularidad de plazas magisteriales.
- Acreditación de curriculum profesional.
- Títulos y cédulas profesionales.
- Constancias de capacitación y adiestramiento especializado.

El Derecho Internético

El Derecho Internético puede definirse como el conjunto de normas jurídicas que regulan la creación, desarrollo y aprovechamiento de aplicaciones funcionales de plataformas internéticas, y resuelven los problemas legales que derivan de ello cuando existen bienes o derechos que necesiten o deban ser tutelados jurídicamente por dichos ordenamientos.

El Derecho Internético promete ser un campo fértil y novedoso para juristas, abogados y legisladores. Hay un terreno amplio y aun inexplorado para avanzar la investigación jurídica y la normatividad sobre los derechos y obligaciones de los usuarios individuales, las organizaciones y el Estado en la operación de plataformas de tipo Blockchain y Bitcoin, incluyendo las criptodivisas, las plataformas híbridas y otras aplicaciones potenciales aun inexploradas.

El Derecho Internético abarcaría en principio todas aquellas áreas del Derecho que se han visto y se verán potencialmente afectadas por el desarrollo de Internet y de las nuevas plataformas tecnológicas de la sociedad de la información, que alteran muy diversos aspectos sociales, políticos y económicos, y por lo tanto, los procesos jurídicos que los regulan. Los derechos Civil, Administrativo, Mercantil, Internacional, Penal, Laboral, Notarial, etc. tienen hoy un vínculo necesario con el Derecho Internético, y requieren de una determinada normatividad.

Regulación nacional: consenso general y lineamientos básicos

En materia regulatoria, muchos países se encuentran ante una hoja en blanco, con nuevos conceptos, lenguajes y terminologías, un *boom* de nuevas aplicaciones disruptivas, oportunidades de progreso, negocios y procesos innovadores que anticipan nuevos modelos de civilización y economía a escala global.

La regulación de estos mecanismos plantea un reto a los juristas y abogados, a los legisladores, a las autoridades e instituciones económicas, bancarias, hacendarias y fiscales, y a organizaciones de la sociedad civil. Por su propia naturaleza –global, pseudónima, autónoma y descentralizada- estas actividades desafían al control, ya que pueden permitir la fuga de capitales, evadir impuestos, lavar dinero y comerciar con bienes ilícitos.

La regulación de plataformas autónomas, por su propia naturaleza, presenta retos considerables en el ámbito de supervisión, por la dificultad técnica para regular o intervenir su evolución en distintos ámbitos ubicuos y porque, entre otros factores, la globalización de las telecomunicaciones rebasa las fronteras nacionales y elude la aplicación de reglamentos locales y medidas de supervisión y control convencionales que emanan de paradigmas muy diferentes y de sistemas legislativos dispares.

Los múltiples asuntos susceptibles de legislación y reglamentación (nacional e internacional) aplicable a las operaciones y actividades empresariales, comerciales y financieras relacionadas con la plataforma Blockchain y las criptodivisas incluyen los aspectos penales (riesgos derivados de su interacción con la delincuencia organizada, la corrupción, el lavado de dinero, el terrorismo, la compraventa de armas y drogas, trata de personas, la prostitución y la pornografía infantil).

Entre los aspectos financieros, bancarios, monetarios y bursátiles, está la definición misma de bitcoin como una criptomoneda o divisa digital, un valor bursátil o un nuevo género de activo financiero; la legitimidad de las licencias de operación, el arbitraje en criptodivisas; la protección de consumidores e inversionistas, los seguros y fianzas, los seguros de depósito, contratos de otorgamiento de crédito, formas de tributación, recaudación y régimen fiscal aplicable; la eventual normatividad de bitcoin en el mercado de valores, el financiamiento en criptodivisas; las remesas de trabajadores migrantes y los pagos internacionales; la regulación de entidades autónomas y organizaciones descentralizadas gobernadas por consenso; la legitimidad y reglamentación de los contratos inteligentes, etcétera.

Especial interés merecen la privacidad y protección de información personal, la identificación, anonimidad y pseudonimidad de cuentahabientes, operadores, inversionistas y consumidores, los grados de confidencialidad y secreto en las operaciones y la validez jurídica de las firmas digitales.

Un método de control eficaz de los flujos de capital en criptodivisas estará regulado en función del monto de las cantidades que un actor individual (aun a través de varias cuentas asociadas) pueda operar en un determinado tiempo, e.g. 24 horas.

De ahí que los requisitos de identificación de operadores de transacciones (pagador y cobrador o comprador y vendedor) estarán sujetos a políticas de conocimiento de clientes y antilavado de dinero KYC/AML (*Know Your Customer / Anti Money Laundering*), por un lado, y a los niveles de montos operados por cada nivel o rango de usuarios.

Hay medidas que los gobiernos pueden tomar y otras que no pueden tomar, medidas más o menos difíciles y costosas, hostiles o favorables a determinados desarrollos y aplicaciones tecnológicas, pero ¿cuáles son unas y otras, y por qué son buenas o malas, eficaces o ineficaces; cuáles son sus efectos colaterales? Las preguntas son múltiples y aguardan respuesta, desafiando la inteligencia de los legisladores, el bien público, la conveniencia de las instituciones vigentes, la reflexión de los profesionales, la investigación de científicos y tecnólogos.

Legislación y política monetaria internacional

El surgimiento de Blockchain y Bitcoin ha dado lugar a diversas políticas y medidas de carácter jurídico y regulatorio en el ámbito mundial. La legislación internacional es un campo en etapa inicial de desarrollo.

Por su apoyo en tecnologías de encriptamiento de información, algunos han denominado este campo, en términos generales, como *Lex Criptographia*.

Abogados y juristas interesados en el Derecho Internacional encontrarán un campo fértil en el estudio de las nuevas tendencias, disposiciones legales y políticas reglamentarias que están surgiendo en diversos países para la regulación de criptodivisas, los contratos inteligentes y otros aspectos de las NPTI a fin de contrastarlas con las necesidades y oportunidades que se presentan en México y otros países para impulsar esta rama del Derecho.

El carácter global de estas nuevas tecnologías apunta hacia nuevas formas de legislación y consenso internacional que faciliten su desarrollo productivo y prevengan su aprovechamiento equívoco por la delincuencia organizada, pero aun no existen acuerdos generales de carácter internacional.

La regulación actual de Bitcoin y Blockchain está en evolución, y su denominación, estatus y definición legal varían de un país a otro. Algunos países clasifican a bitcoin como dinero digital, moneda, criptodivisa, divisa internacional, *commodity* o valor bursátil. La mayoría no lo prohíbe, con pocas excepciones: en Bangladesh, Bolivia, Kirguistán y Vietnam su uso es o ha sido ilegal.

Las legislaciones de Bitcoin se dirigen a ciertos aspectos comunes: su curso legal, su uso por parte de bancos, y las normas fiscales para tributación de operaciones comerciales y de arbitraje. Impuestos y delincuencia son dos temas sobresalientes para casi todos los gobiernos.

En algunos países sólo se han regulado los aspectos monetarios de bitcoin, en otros, también se reglamenta ya la aplicación de plataformas híbridas, para otros fines complementarios.

Varía el grado de liberalidad, supervisión y control estatal. En algunos casos simplemente advierten al público sobre los riesgos de su uso y su falta de respaldo legal o garantía bancaria central. En otros casos, como en **Delaware**, EUA, su desarrollo es apoyado abiertamente por parte del Estado, promoviendo activamente, patrocinando y facilitando la adopción de Blockchain en las funciones de gobierno.

En los **Emiratos Árabes Unidos**, el gobierno y el Banco Central prestan atención especial al asunto. El Supremo Comité Legislativo de Dubái ha declarado que los EAU deben estar entre las primeras naciones del mundo que establezcan un marco legislativo y una estructura financiera y organizacional específicas para estas nuevas tecnologías.

En **Honduras**, el gobierno contrató a una empresa tecnológica para desarrollar un sistema que transfiera todos los registros públicos oficiales de los títulos de propiedad inmobiliaria a una plataforma Blockchain que abarque eventualmente a todo su territorio.

En la **Unión Europea** se ha puesto énfasis en el desarrollo de mecanismos para la identificación de usuarios con el fin de prevenir el terrorismo y el uso delincuencial de las criptodivisas. El Parlamento Europeo aprobó una investigación formal de las tecnologías Bitcoin y Blockchain con base en una recomendación del Comité de Asuntos Económicos y monetarios para revisar las leyes de pagos internacionales.

A principios de 2016 el Gobierno del **Reino Unido** emitió un reporte sobre Blockchain con la recomendación de investigar a fondo sus aplicaciones en los diversos servicios que ofrece el propio gobierno.

Alemania clasifica el bitcoin como *"Rechnungseinheit"* o "unidad de cuenta, o de medición" de dinero privado, a la manera de la Unidad de Cuenta Europea (UCE), referencia común de las monedas europeas que se introdujo después del colapso de los tipos de cambio fijos del sistema de Bretton Woods en la década de 1970. Está sujeto a impuestos sobre ventas y ganancias de capital.

Japón ha legislado, a favor de la integración de las criptodivisas en el sistema bancario con énfasis en aspectos éticos. Tokio está desarrollando activamente una regulación de Bitcoin apegada a la normatividad KYC/AML (*Know Your Customer / Anti Money Laundering*) para verificar la legalidad, probidad e integridad de los clientes, proteger al consumidor y combatir la corrupción, el soborno y el lavado de dinero en todo su sistema bancario, financiero y asegurador, que exige información detallada a los usuarios de sus servicios.

En **Venezuela**, la devaluación del bolívar ha alcanzado hasta 1,600% y la tasa de inflación ha llegado a ser la más alta del mundo. La crisis económica, agudizada por la baja en el precio del petróleo, ha incrementado el uso de bitcoin, que ha sido más o menos tolerado por el gobierno, ya sea para atenuar la pobreza o por su incapacidad para controlar su uso. El número de usuarios de bitcoin se disparó de 450 a más de 85,000 en dos años, de agosto 2014 a noviembre 2016.

China ha sido un jugador principal en la arena de bitcoin, y posee un porcentaje alto pero indeterminado de la criptodivisa. A principios de 2017 las transacciones de bitcoin-yuan alcanzaron hasta un 90% del total mundial, pero esta proporción ha disminuido al introducirse nuevas medidas que impiden las transferencias gratuitas, sin comisión, y que tienden a regular el mercado para alinearlo con prácticas mundiales de protección de inversionistas, control de delincuencia y lavado de dinero. China es también el líder mundial de diseño, fabricación y operación de Circuitos Integrados para Aplicaciones Específicas, ASIC, empleados en la minería de bitcoin, gracias a sus tarifas preferenciales de energía eléctrica.

Rusia, que hasta 2016 fue un opositor tenaz de bitcoin, ha eliminado la prohibición y las fuertes sanciones contra su uso. Alexey Moiseev, Ministro de Finanzas, declaró que en 2018 esperan reconocer a bitcoin como un instrumento financiero legal a fin de combatir el anonimato y el lavado de dinero, y alinearse a prácticas internacionales en la materia: "El Estado necesita saber siempre quién está en cada lado de la cadena financiera. En toda transacción, la gente debe saber a quién le vende y a quién le compra, como en cualquier operación bancaria".

La **India** es probablemente el país que más amplia y audazmente ha aplicado las NPTI. En 2009 se implantó el sistema Aadhaar, una base de datos biométricos basados en huellas digitales y escaneo de la retina y en 2016 lograron la identifición digital del 95% de su población. Más de 1100 millones de ciudadanos cuentan hoy con una identidad personal certificada digitalmente en Internet, que les permite acceso inmediato a un teléfono móvil, y al sistema bancario, crediticio y de seguridad social con un simple requisito: su número personal de doce dígitos.

Una sola aplicación permite el acceso a todos los bancos y asegura la transferencia fácil, instantánea y segura de dinero a escala nacional mediante la Interfaz Unificada de Pagos, UPI que usan todos los bancos. Para hacer pagos no es necesario siquiera un *smartphone*: basta usar su huella digital y su número Aadhaar.

La plataforma *India Stack* consiste en un conjunto de sistemas interconectados que permite a los ciudadanos almacenar y compartir seguramente sus datos personales, domicilio, registros médicos, su historial bancario y crediticio, fiscal y de empleo, en un archivo digital permanentemente resguardado en la *nube*, que libera al ciudadano de la engorrosa necesidad de recabar, custodiar y cargar distintos documentos en papel.

Elimina la necesidad de la presencia física personal para recibir cualquier servicio, en cualquier lugar del país; basta con la sola autentificación biométrica de huella digital y escaneo de la retina. El usuario retiene la confidencialidad y el control de acceso a toda esa información. Además, ya no es necesario cargar monedas y billetes: todos los pagos pueden hacerse digitalmente.

En noviembre 2016 el Primer Ministro de **India**, Narendra Mori, anunció súbitamente que los billetes de 500 y 1000 rupias (con valor aproximado de $7.5 y $15 USD) serían retirados de la circulación, en un esfuerzo por combatir el "dinero negro" de la corrupción rampante, el lavado de dinero, el financiamiento del terrorismo y la evasión fiscal de su economía informal, que alcanza una cuarta parte de la economía total y se maneja con grandes volúmenes de billetes; casi el 70% del valor total de las transacciones se llevaba a cabo con pagos en efectivo.

Esta medida drástica de desmonetización del 85% del efectivo circulante ha impulsado la adopción de medios de pago electrónicos tipo Bitcoin a través de *smartphones*, bancarizando gradualmente a una alta proporción de los 1,250 millones de ciudadanos indios más pobres.

Respecto de las criptodivisas, el gobierno indio anunció que (1) hará un balance de la situación actual de las monedas virtuales tanto en la India como en el mundo, (2) examinará las estructuras reguladoras y legales globales vigentes que rigen las monedas virtuales, (3) sugerirá medidas para hacer frente a dichas monedas virtuales, relacionadas con la protección de los consumidores, el lavado de dinero, etc, y (4) examinará cualquier otro asunto relacionado con monedas virtuales que pueda ser pertinente.

Los ejemplos anteriores ofrecen un panorama somero de la intensa y diversa actividad monetaria y jurídica relacionada con Blockchain y Bitcoin en el mundo, y subraya la urgente necesidad de tomar acciones pertinentes en México y otros países que y se encuentran en un proceso de adopción más amplia de las criptodivisas.

El entorno internacional presenta una tendencia favorable, y una oportunidad, para reglamentar una participación estatal y ciudadana mundial responsable en asuntos que afectan a amplios grupos de países y a la humanidad entera bajo esquemas de una mayor digitalización, globalidad, confiabilidad y sustentabilidad que son posibles con las NPTI.

Perspectivas ¿Qué esperar?

Oportunidades de desarrollo

Aquí se sugieren algunas acciones que pueden tomarse en el futuro inmediato para favorecer que México y otros países en desarrollo se incorporen rápidamente en la corriente mundial de avance de las Nuevas Plataformas Tecnológicas Internéticas, y las aprovechen para el beneficio colectivo de la economía y la sociedad.

1) Difundir los conocimientos generales sobre las NPTI, prever sus probables efectos, consecuencias y oportunidades, y dar seguimiento a los principales avances mundiales en la materia. Este ensayo persigue tal propósito.

2) Fomentar proyectos y actividades en los sectores empresarial, civil, académico y de gobierno que orienten y fortalezcan la investigación básica y el desarrollo de aplicaciones de las Nuevas Plataformas Tecnológicas Internéticas, NPTI, en los negocios y las actividades públicas.

3) Organizar conferencias y foros de consenso, discusión y análisis que promuevan la definición del entorno sociotécnico, jurídico y de políticas y lineamientos de carácter general, establezcan los roles institucionales y las reglas de juego iniciales en el terreno de actividad profesional y de negocios, y permitan identificar y servir a los *stakeholders* y entidades legítimamente interesadas.

4) Influir positivamente en la legislación, reglamentación, regulación, ordenamiento, fiscalización y fomento de actividades económicas y empresariales relacionadas con las NPTI, mediante el estudio de los avances legislativos y la normatividad vigente en distintos países, y el contacto e interacción con diversos organismos empresariales e instituciones del poder público, a fin de impulsar el desarrollo, proteger intereses legítimos, prevenir su aprovechamiento delincuencial y favorecer el interés general.

5) Promover la educación superior y la investigación en universidades y centros educativos; anticipar los cambios necesarios en los programas de estudio para reducir su impacto negativo en el empleo, y preparar adecuadamente a los nuevos profesionales que demandarán las NPTI para servir como emprendedores, desarrolladores, programadores, consultores especializados y ejecutivos para empresas, instituciones de gobierno y universidades.

6) Establecer laboratorios experimentales de operación de negocios básicos fundamentados en las NPTI y promover y financiar la investigación especializada en los principales campos de aplicación específica de las NPTI.

7) Detectar oportunidades de innovaciones de beneficio social, empresarial, educativo, de negocios e interés público, en aplicaciones potenciales generales de las NPTI.

8) Promover y apoyar el espíritu empresarial; fomentar la creación de nuevas empresas, explorar y definir nuevas posibilidades de alianzas empresariales innovadoras nacionales e internacionales y crear sinergias de mercado en nuevas aplicaciones complementarias de las NPTI.

9) Ampliar la presencia, la actividad y la competitividad internacional de México en el desarrollo de las NPTI; detectar y difundir los avances científicos y tecnológicos mundiales, y las aplicaciones probadas susceptibles de adaptación y aprovechamiento en el mercado mexicano e identificar y analizar alianzas potenciales con proveedores internacionales de nuevas tecnologías.

10) Superar aceleradamente el rezago en este ámbito y alcanzar un liderazgo en los mercados de habla hispana principalmente. Promover la competitividad internacional de empresas mexicanas, atendiendo a su potencial de globalización.

11) Investigar y promover nuevas aplicaciones de las NPTI, en diversas áreas potenciales, tales como la banca y las finanzas, el comercio y los seguros, los sistemas electorales y el levantamiento de censos y encuestas, el registro y protección de la propiedad inmobiliaria, intelectual, de bienes muebles y de datos personales; la salud, la educación y otros ámbitos de interés que aporten valor a la sociedad, seguridad a los propietarios y valor y riqueza a los operadores y usuarios.

12) Investigar los efectos y aplicaciones de las NPTI en la sociedad; su impacto posible, deseable, probable, positivo, negativo y disruptivo en diversos grupos de la población, en función de su problemática específica.

13) Promover el apoyo a las organizaciones civiles, universitarias y de gobierno, y la obtención de fondos para el financiamiento y fomento de la investigación básica y aplicada, el desarrollo tecnológico, y la operación y actividades en los objetivos ya enunciados.

Foros de consenso. Definición de criterios iniciales

El proceso social necesario de ordenamiento de criterios requiere de una primera etapa inmediata en la cual deberán crearse nuevas organizaciones, tales como centros de investigación, asociaciones profesionales, interdisciplinarias e interinstitucionales, académicas y empresariales que establezcan foros de consenso para el intercambio y deliberación, y mecanismos de difusión y análisis orientados a definir consensos o acuerdos tácitos iniciales de carácter general, y lineamientos básicos para encaminar productivamente el desarrollo de las nuevas tendencias internéticas.

Para avanzar consensos generales es deseable y necesaria la participación de representantes de organizaciones de la sociedad civil, gobiernos, empresas y asociaciones empresariales, universidades y centros de investigación y otras instituciones.

Papel de las universidades y centros de investigación

Las universidades y centros de investigación especializados juegan un papel decisivo en la solución de los problemas científicos y tecnológicos, y político sociales que plantea el desarrollo de las nuevas tecnologías.

En los ámbitos científicos, matemáticos e internéticos, en la ingeniería de sistemas, la informática y la contabilidad, investigando la problemática de la inteligencia artificial, de cómo enseñar y cómo aprenden hoy las máquinas; en la aplicación de lenguajes de programación avanzados, la generación de nuevos códigos y el desarrollo de nuevas plataformas y diversas aplicaciones.

En la formación de nuevos profesionales, ingenieros programadores hábiles con capacidades matemáticas, para contrarrestar el efecto negativo en los empleos de mera intermediación burocrática, que tenderán a disminuir con el desarrollo de plataformas autónomas. Hay que preparar a los jóvenes para enfrentar mejor este futuro.

Pero también en otros ámbitos: influyendo en el desarrollo de legislaciones y principios jurídicos aplicables a nuevos casos, y en la reflexión y prevención de los aspectos amenazantes de las NPTI, notablemente cuestiones de seguridad, confidencialidad, privacía y protección de la identidad personal, y sus efectos en la inversión y el empleo, entre otros importantes. En síntesis, poniendo la técnica al servicio de la ley y del espíritu.

Inversión en investigación y desarrollo tecnológico

Blockchain y su aplicación en Bitcoin son el resultado conjunto de muchos años (¿siglos?) de investigación básica en matemáticas aplicadas, informática y tecnologías internéticas, inteligencia artificial y otras ciencias en cientos de universidades y centros especializados en todo el mundo, principalmente en los EUA y Europa.

Se estima que en ocho años, de 2008 a 2015, se han invertido más de mil millones de USD en la investigación y desarrollo de Blockchain. Más de la mitad de esta inversión (unos $500 MUSD) se aplicó solo en 2015. (Daniel Gasteiger, *Blockchain Demystified*).

Para 2016, se estima que la inversión de *venture capital*, VC, en investigación fundamental, desarrollo y *startups* con tecnología Blockchain y Bitcoin para distintas aplicaciones habrá rebasado los $1,100 MUSD. ($1.1 Billion USD), duplicando la inversión del año anterior 2015.

El inversionista mayoritario en 2016 fue desde luego EUA, y en particular California. Lo siguen –entre otros- los Países Bajos con $60 MUSD, UK 50, Suecia 40, China 28, Canadá 28, Israel 20, Argentina 4, Francia 4, Alemania 3. La inversión en México se estima aun baja, del orden de solo $1 MUSD, aunque es mayor en otras ramas de Fintech que no son necesariamente Blockchain en estricto sentido.

El monto principal de la inversión mundial se ha dirigido a aplicaciones monetarias de bitcoin y *altcoins* (o *alternative coins*, monedas virtuales y sistemas de resguardo, pago y cobro en otras criptodivisas), donde las posibilidades de arbitraje (compraventa y convertibilidad) son más obvias y lucrativas, pero gradualmente la inversión está creciendo más hacia plataformas de aplicaciones híbridas que combinan el uso de divisas monetarias digitales con contratos automatizados y aplicaciones para la gestión y transmisión de valores genéricos no monetarios.

La inversión en 2017 puede estimarse en un monto superior al doble de 2016, cercano a los $2.5 a $3.0 BUSD, pero puede acelerarse. Si la tendencia reciente de duplicación anual de la inversión continúa *ceteris paribus*, en 2018 podría crecer a un monto de $6.0 ó $7.0 BUSD, y en 2019 acaso a $12 ó $14 BUSD.

Hasta hoy, México ha jugado un papel menor en esta tendencia, sugiriendo la necesidad de fortalecer políticas de apoyo y financiamiento a la investigación científica y el financiamiento del desarrollo tecnológico.

Riesgos latentes

La sociedad puede aprovechar gradualmente un nuevo paradigma en donde las instituciones descentralizadas y autónomas jugarán un papel cada vez mayor en el funcionamiento de la economía, el comercio, las finanzas, el gobierno y ciertos fundamentos del conocimiento pragmático y la operación de la sociedad futura. Es una tendencia irreversible que está ocurriendo cada vez más aceleradamente en todos los grandes países industriales.

Es una tecnología compleja que ofrece un enorme potencial para transformar radicalmente numerosos aspectos del funcionamiento institucional, y sus aplicaciones y aprovechamiento no están restringidos por fronteras nacionales: la amplitud mundial de la WWW-Internet, por su propia naturaleza, facilita que su aplicación no esté sujeta a restricciones geográficas.

Toda tecnología fundamental innovadora implica riesgos para alguien, más o menos graves o menores, rápidos o graduales, pero a la larga inevitables.

Es necesario prever algunos riesgos latentes que la sociedad debe tener en cuenta para atenuar los efectos negativos de las NPTI.

Disrupción de intermediarios

Uno de los mayores cambios económicos, políticos y sociales que pueden trastornar la operación fundamental de las instituciones formales establecidas será su papel como intermediarios o terceros confiables en la conducción de transacciones económicas de registro contable, resguardo y transferencia de valor, que será gradual y parcialmente sustituido por plataformas autónomas y autorreguladas ajenas a un control central.

La participación activa de tales instituciones en la investigación y aprovechamiento de las nuevas tecnologías puede ser el antídoto más eficaz contra sus efectos disruptivos. Anticipar sus consecuencias e incorporar sus beneficios a su propia actividad será un reto principal que requerirá de una atención sostenida para defenderse.

Efectos laborales

Uno de los aspectos de la sociedad que más cambiarán a mediano y largo plazo a consecuencia de las NPTI será probablemente la naturaleza del trabajo, y específicamente de labores rutinarias y burocráticas de simple cotejo, y de funciones de supervisión y confirmación de la autenticidad, validez, confiabilidad y veracidad de la información asociada a la transmisión efectiva de pagos de valores y la validación de operaciones monetarias y comerciales

En la sociedad futura estas funciones de supervisión y custodia de valores y transferencia de la propiedad serán ejecutadas gradualmente por sistemas autónomos regulados por los mismos usuarios en conjunto: por plataformas tipo Blockchain. Funciones tales como cajeros, notarios, agentes de viajes y de seguros, y otras similares, se verán transformadas eventualmente, y otras desaparecerán.

Una buena parte de las tareas ordinarias de las burocracias en el gobierno y las instituciones formales consisten en confirmar o certificar, a menudo de manera más o menos subjetiva y discrecional, y no necesariamente de modo objetivo, la veracidad de determinada información, la autenticidad de una constancia o la validez de las operaciones de transferencia de propiedad. Esa función humana rutinaria y falible será cada vez menos necesaria; estará a cargo de funciones robóticas preprogramadas, más precisas e inmunes a la manipulación y el error.

Sobrerregulación estatal

La tendencia a una regulación excesiva, y la imposición arbitraria de controles, requisitos y reglamentos burocráticos puede ser un factor que inhiba el desarrollo de aplicaciones útiles y merme el potencial económico de la creatividad tecnológica.

Un cuidadoso análisis y observación de las formas espontáneas de autorregulación propuestas y adoptadas por diferentes industrias, aunada al diálogo constructivo y a la colaboración entre gobiernos, organizaciones empresariales, científicas y académicas y otras instituciones civiles puede ser un camino conveniente o necesario para favorecer su avance y mitigar sus efectos negativos.

Amenazas a la privacidad, confidencialidad e identidad

El derecho universal a la privacidad individual, consagrado por las leyes internacionales de derechos humanos, depende cada vez más de la seguridad en el ámbito digital e internético.

La sociedad, el Estado y la Ley tienen la obligación de proteger a los ciudadanos y a las instituciones civiles de cualquier intromisión autoritaria o delictiva que amenace la confidencialidad de la vida privada, y de prevenir el espionaje, el robo de información sensible, o el control político autoritario a la manera del *Big Brother* orwelliano de *Nineteen Eighty-Four*.

El secreto legítimo es un derecho indispensable en la convivencia civilizada de los seres humanos. Sin él, la sociedad sería caótica.

En la medida en que nuestras vidas y actividades se desarrollan y existen socialmente cada vez más en el ciberespacio de las redes digitales, los ciudadanos, las organizaciones no gubernamentales de la sociedad civil, los medios de comunicación independientes, los periodistas, los pensadores, los artistas, los gobernantes, legisladores y otros activistas políticos necesitan cada vez más de una protección eficaz que garantice su seguridad y prevenga todo tipo de amenazas a su independencia legítima, porque en ello reside una condición vital de la supervivencia de la democracia participativa, de la seguridad, la libertad y la paz social.

Delincuencia organizada

De modo natural, la inteligencia del crimen organizado encuentra en todos los medios tecnológicos nuevas maneras de ejercer actividades ilegales para obtener dinero y poder. En la política, los grupos subversivos y el terrorismo se valen de cualquier recurso disponible para conseguir sus fines.

Las NPTI, más allá de su capacidad virtuosa para avanzar el progreso humano, ofrecen también recursos potenciales para la delincuencia; las mafias y los criminales, convenientemente disfrazados, aparentando respetabilidad y amparados en las instituciones legítimas, coexisten en la sociedad al lado de la gente de bien, confundiéndose con ella para cometer todo género de abusos y delitos. Una vieja sentencia bíblica advierte que la mayor astucia del diablo es hacernos creer que no existe.

Límites

La tecnología es ajena a los valores éticos, es neutra e intrínsecamente amoral. La ética y la moral residen en la conducta de las personas, en sus propósitos y en la forma en que utilizan la tecnología.

Las nuevas tecnologías internéticas presentan grandes oportunidades de progreso, pero tambien graves amenazas. Tienen límites y es necesario reconocerlos objetivamente, y permanecer en estado de alerta ante los desarrollos y las legislaciones que los orientan para asegurar que se utilizan para hacer el bien, y para prevenir sus usos dañinos.

Blockchain y las NPTI no son el *nostrum*. No son una solución mágica, ni resuelven todo. Sus gurús fanáticos o voceros exagerados pueden atribuirles taumaturgias y afirmar que van a acabar con la pobreza, o con la destrucción del medio ambiente, el tráfico ilegal de armas, la falsificación de dinero o medicinas, el narcotráfico, el crimen organizado o la endémica cultura de la corrupción. Desde luego no hay tal. No son una panacea.

Pero el desarrollo de las "máquinas de la verdad" sí permite contar con una poderosa herramienta para contrarrestar la mentira, la falsedad, el engaño, el fraude y la simulación, para combatir más eficazmente al crimen y a la delincuencia que plagan la convivencia civilizada en sociedad, y para hacer realidad aquel sencillo proverbio, a menudo olvidado: la verdad nos hará libres.

Conclusión ¿Qué hacer?

Valores fundamentales

Estamos entrando en un nuevo paradigma, una etapa distinta e irreversible del desarrollo científico y tecnológico y de la evolución social cuyos efectos, implicaciones y consecuencias futuras aun no podemos vislumbrar claramente.

Las nuevas plataformas tecnológicas en Internet permiten adoptar nuevas maneras de colaborar, interactuar y hacer negocios: es una tendencia global e ineludible. Es indispensable la participación colectiva bajo reglas claras y precisas. Es necesario adoptar nuevas actitudes y paradigmas de conducta ante la comunidad internacional y de negocios, porque el cambio es inevitable.

Aquellas instituciones, empresas y organizaciones que se adapten al entorno actual, al cambio y a las tendencias tecnológicas previsibles, y aprendan a jugar en sistemas sociales y medioambientes económicos innovadores, más abiertos y colaborativos sobrevivirán y tendrán éxito. Las que ignoren o subestimen las probables tendencias disruptivas, o se opongan al cambio, o no sepan adaptarse ni aprovecharlas a tiempo, quedarán en desventaja, y algunas seguramente desaparecerán.

En la medida en que más personas adopten las plataformas de tipo Blockchain, más personas las adoptarán y alcanzarán un punto de inflexión en su crecimiento piramidal y exponencial que se verá acelerado en proporción a su aceptación pública.

Una parte creciente de los asuntos mundiales, en el ámbito político y económico, financiero e institucional, se conducen ya en el plano de la información y la participación bajo estos nuevos paradigmas autónomos de colaboración y consenso.

Blockchain no es algo que va a suceder: ya está sucediendo, es un fenómeno actual en rápida evolución y su objetivo es derribar las barreras de ineficiencia de los sistemas contables, económicos, financieros, comerciales, legales y laborales obsoletos de la sociedad que derivan de la desconfianza y el riesgo.

La perspectiva y la posibilidad real, tecnológicamente viable, ya probada, de que millones de personas tengan acceso seguro a vastos recursos económicos y patrimoniales para usarlos en su beneficio, y las enormes ganancias sociales que derivan de su aprovechamiento en múltiples aspectos de la actividad humana, son demasiado grandes y significativas como para pretender que alguna ley, fuerza o entidad reguladora pueda impedirles que sigan creciendo, pero es necesario fijar lineamientos y consensos que favorezcan su desarrollo positivo.

Una parte del mundo de Internet ya está evolucionando de sistemas cerrados a sistemas abiertos, de sistemas aislados a sistemas interconectados e interdependientes, de sistemas centralizados locales a sistemas descentralizados globales y de sistemas discrecionales a sistemas automatizados. Y no hay forma de impedir esta evolución – pero sí de orientarla y aprovecharla.

Rara vez ha habido una conexión tan promisoria y directa entre la tecnología, el crecimiento económico y el bienestar de la sociedad en su conjunto. Aprovechándola todos podemos ganar en el camino hacia una nueva civilización más digitalizada, más global, más autónoma, más rica, más equitativa y autosustentable, más justa y más libre. Y quienes desarrollen sus aplicaciones principales tienen además el incentivo de considerables ganancias potenciales en el mercado mundial.

También existen peligros considerables, porque la ciencia es neutra: puede usarse para el bien o para el mal. En el fondo, serán nuestras convicciones de carácter ético y moral, nuestra manera de ver a los demás, a la sociedad y al mundo, nuestro sentido del progreso y el espíritu empresarial y de innovación, y nuestra conciencia cultural, lo que determine el grado en que nos beneficiemos del progreso científico humano y evitemos los efectos negativos potenciales de la tecnología.

Nuestros valores fundamentales serán lo que guíe, impulse o detenga la aceptación y adopción positiva y segura de las nuevas formas de interacción económica que se avecinan en la orientación de la estructura y funcionamiento de la sociedad y en la determinación y mejoramiento del tipo de mundo que heredaremos a las generaciones futuras.

- Ney Villamil Ruiz

* * *

Referencias

LIBROS

Bitcoin: A Primer for Policymakers
Jerry Brito; Andrea Castillo (2013). (PDF).
Mercatus Center. George Mason University.
Retrieved 22 October 2013.

Blockchain: Blueprint for a New Economy
Melanie Swan
O'Reilly Media Inc.
Sebastopol, CA. USA
1st Edition. February, 2015
ISBN-13: 978-1491920497
ISBN-10: 1491920491
https://www.amazon.com/Blockchain-Blueprint-Economy-Melanie-Swan/dp/1491920491

Blockchain Revolution: How the Technology Behind Bitcoin Is Changing Money, Business, and the World
by Don Tapscott & Alex Tapscott
ISBN-13: 978-1101980132
ISBN-10: 1101980133

Exponential Organizations:
Why New Organizations are Ten Times Better, Faster, and Cheaper Than Yours (and what to do about It).
Salim Ismail, Michael S. Malone, Yuri Van Geest
A Singularity University book
Diversion Books, 2014
ISBN   1626814236, 9781626814233

Information Rules: A Strategic Guide to the Network Economy
by Carl Shapiro and Hal R. Varian.
ISBN-13: 978-0875848631
ISBN-10: 087584863X

The Network Imperative: How to Survive and Grow in the Age of Digital Business Models.
Barry Libert, Megan Beck and Jerry (Yoram) Wind.
Harvard Business Review Press
June 28, 2016
PRODUCT #: 10062-HBK-ENG

The Book of Satoshi:
The Collected Writings of Bitcoin Creator Satoshi Nakamoto
Phil Champagne
e53 Publishing LLC, Jun 11, 2014

The Law of Bitcoin
Jerry Brito, Stuart Hoegner (Ed.) et al.
Crypto Press, 2016.

ARTÍCULOS

Blockchains
The great chain of being sure about things
The Economist
Oct. 31, 2015
http://www.economist.com/news/briefing/21677228-technology-behind-Bitcoin-lets-people-who-do-not-know-or-trust-each-other-build-dependable

Blockchain knocks on doors of Indian banks [LiveMint]
http://www.indiabitcoin.com/blockchain-knocks-on-doors-of-indian-banks-livemint/

Blockchain in Health Care: Decoding the Hype
William Gordon, MD, Adam Wright, PhD & Adam Landman, MD, MS, MIS, MHS.
Brigham & Women's Hospital and Harvard Medical School
NEJM Catalyst. February 9, 2017
http://catalyst.nejm.org/decoding-blockchain-technology-health/

Disruptive Innovations
Clayton Christensen
Harvard Business School
http://www.claytonchristensen.com/key-concepts/

El colapso de Lehman Brothers | Investopedia
http://www.investopedia.com/articles/economics/09/lehman-brothers-collapse.asp - ixzz4VE4SyRhf

El huracán Fintech
Jimena Tolama, Aminetth Sánchez y Adrián Estañol
Revista Expansión. México.
Año XLVIII, Núm. 1207, Marzo 1, 2017
ISSN 0185-2728

Geeks Love the Bitcoin Phenomenon Like They Loved the Internet in 1995
Ken Tindell, Business Insider, April 5, 2013,
http://www.businessinsider.com /how-bitcoins-are-mined-and-used-2013-4

Is Blockchain the Next Great Hope — or Hype?
Knowledge@Wharton / TECHNOLOGY
The Wharton School
University of Pennsylvania
http://knowledge.wharton.upenn.edu/article/blockchain-next-great-hope-hype/?utm_source=kw_newsletter&utm_medium=email&utm_campaign=2017-01-17

Is Bitcoin about to change the world?
The Guardian
Alex Hern   @alexhern
25 November 2013
https://www.theguardian.com/technology/2013/nov/25/is-Bitcoin-about-to-change-the-world-peer-to-peer-cryptocurrency-virtual-wallet

Lex Cryptographia
Bitcoinism
http://bitcoinism.blogspot.mx/2013/12/lex-cryptographia.html
Posted 9th December, 2013 by Anonymous.

Why Bitcoin Matters
By Marc Andreessen
ANOTHER VIEW
January 21, 2014
http://dealbook.nytimes.com/2014/01/21/why-Bitcoin-matters/?_r=1

VIDEOS

At the Speed of Money:
How Cryptocurrency Will Transform Everything
David Morris | TEDxTampaBay
https://www.youtube.com/watch?v=a53YgjlGM2c#t=661.285274

Bitcoin -- distributing power & trust
Eric Spano | TEDxConcordia
https://www.youtube.com/watch?v=WI1pbHi1fww - t=65.654833

Blockchain Disruption:
How Bitcoin Technology Creates a Sharing Economy
Thomas Ramge | TEDxHamburg
https://www.youtube.com/watch?v=ZF0iCdYkXTM

Blockchain explained
Shai Rubin, CTO of Citi Innovation Lab,
explains in an easy and simple way the basics of blockchain. Published on Jun 8, 2016
https://www.youtube.com/watch?v=93E_GzvpMA0

Blockchain Demystified
Daniel Gasteiger | TEDx Lausanne
https://www.youtube.com/watch?v=40ikEV6xGg4

Blockchain is Eating Wall Street
Alex Tapscott | TEDx SanFrancisco
https://www.youtube.com/watch?v=WnEYakUxsHU

Block Chain Revolution
Giovanna Fessenden | TEDxBerkshires
https://www.youtube.com/watch?v=oMhZTEQZJPI&t=464s

Decentralized Blockchain Technology
and the Rise of Lex Cryptographia
Wright, Aaron and De Filippi, Primavera
(March 10, 2015).
Available at SSRN: https://ssrn.com/abstract=2580664

Exponential Organizations
Salim Ismail, at USI
https://www.youtube.com/watch?v=FNQSM4ipZog

How the Blockchain revolution will change our lives?
Eddy Travia | TEDx IE Madrid
https://www.youtube.com/watch?v=ErxKm0b0DIU

How the blockchain will radically transform the economy
Bettina Warburg. TED Talks
https://www.ted.com/talks/bettina_warburg_how_the_blockchain_will_radically_transform_the_economy#t-6715

How the US government is using blockchain to fight fraud
Kathryn Haun | TEDx SanFrancisco
https://www.youtube.com/watch?v=507wn9VcSAE&t=123s

How the blockchain is changing money and business
Don Tapscott
https://www.youtube.com/watch?v=Pl8OlkkwRpc

How Bitcoin Works, Great Video For Understanding
https://www.youtube.com/watch?v=XaIxTjGjkBQ

The future of money
David Birch | TEDxWoking
https://www.youtube.com/watch?v=c8mdr8iwX20

The potential of blockchain
Mike Schwartz
https://www.ted.com/watch/ted-institute/ted-bcg/mike-schwartz-the-potential-of-blockchain

The future of money
Helen Wong | TEDxNorthwesternU
May 27, 2015
https://www.youtube.com/watch?v=i6PAazB5_f4

CRIPTOGRAFÍA MATEMÁTICA

Elliptic Curve Cryptography
https://en.wikipedia.org/wiki/Elliptic_curve_cryptography

Elliptic curve cryptosystems
Neal Koblitz
Mathematics of Computation 48, 1987, pp. 203–209.

Use of elliptic curves in cryptography
V. Miller
CRYPTO 85, 1985.

Elliptic Curves in Cryptography
Blake, Seroussi & Smart
Cambridge University Press, 1999.

Guide to Elliptic Curve Cryptography
Hankerson, Menezes & Vanstone
Springer-Verlag, 2004.

A (relatively easy to understand) primer on elliptic curve cryptography
https://arstechnica.com/security/2013/10/a-relatively-easy-to-understand-primer-on-elliptic-curve-cryptography/3/

Elliptic Curve Cryptography. Invention and Impact: The Invasion of the Number Theorists
Victor S. Miller
IDA Center for Communications Research
Princeton, NJ USA   24 May, 2007
https://www.iacr.org/conferences/eurocrypt2007/slides/s14t1.pdf

Introduction to Public-Key Cryptography,
chapter 6 in Understanding Cryptography:
A Textbook for Students and Practitioners
Christof Paar, Jan Pelzl, and Bart Preneel
 (New York: Springer, 2010). Sample available at
http://wiki.crypto.rub.de/Buch/download/Understanding-Cryptography-Chapter6.pdf.

* * *

Ney Villamil Ruiz

Investigador universitario. Profesor numerario en la Universidad Iberoamericana. Director de Investigación y Estudios de Postgrado. Director Fundador de la Maestría en Administración. Director de la División Académica Económico Administrativa y de las Escuelas de Administración de Empresas y Relaciones Industriales.

Investigador Asociado. Boston University. Master of Science in Communication Research. Applied Mathematics, Multivariate Statistical Methods. Communication Research Center. Profesor asociado, School of Public Communication.

Director de la Unidad de Altos Estudios, Centro de Capacitación para Directores y Director de Investigación Organizacional en Banamex.

En el ámbito diplomático, sirvió como corresponsal extranjero de Notimex en la Organización de las Naciones Unidas. Nueva York. Senior Communications Advisor y Editor de la revista *Americas*, órgano oficial de la OEA, Organización de los Estados Americanos, en Washington, DC. Vicepresidente Ejecutivo y Director General de COMCE, Consejo Empresarial Mexicano de Comercio Exterior, Inversión y Tecnología, A.C. y miembro ex officio del Comité Ejecutivo del Consejo Coordinador Empresarial.

* * *

www.ingramcontent.com/pod-product-compliance
Lightning Source LLC
Chambersburg PA
CBHW030847180526
45163CB00004B/1475